Uma vida
plena, livre,
feliz e
fora do
comum

Nina Wise

Uma vida plena, livre, feliz e fora do comum

Alegria, criatividade e espiritualidade para quem não tem tempo para nada

SEXTANTE

tradução: Marilena Moraes
preparo de originais: Regina da Veiga Pereira
revisão: Antonio dos Prazeres
Denise Coutinho Koracakis
Sérgio Bellinello Soares
projeto gráfico e diagramação: Arte das Letras
adaptação da capa: Miriam Lerner
fotolitos: R R Donnelley América Latina
impressão e acabamento: Bartira Gráfica e Editora S/A

CIP-BRASIL. CATALOGAÇÃO-NA-FONTE
SINDICATO NACIONAL DOS EDITORES DE LIVROS, RJ

W763v
Wise, Nina, 1948-
Uma vida plena, livre, feliz e fora do comum / Nina Wise; tradução de Marilena Moraes.
– Rio de Janeiro: Sextante, 2004.
Tradução de: A big new free happy unusual life
ISBN 85-7542-148-4

1. Criatividade 2. Criatividade – Problemas, questões, exercícios.
3. Pensamento criativo. 4. Corpo e mente.
I. Título.

04-2554. CDD 153.35
CDU 159.954

Editora Sextante (GMT Editores Ltda.)
Rua Voluntários da Pátria, 45 – Gr. 1.404 – Botafogo
22270-000 – Rio de Janeiro – RJ
Tel.: (21) 2286-9944 – Fax: (21) 2286-9244
Central de Atendimento: 0800-22-6306
E-mail: atendimento@esextante.com.br
www.sextante.com.br

O título deste livro foi inspirado no conto *Good Luck and Goodbye* (Boa sorte e adeus), de Grace Paley. Um rapaz pede a mão da protagonista em casamento. Ele diz: "Rosie, ofereço a você uma vida plena, livre, feliz e fora do comum." Ela recusa o pedido.

Expresso minha profunda gratidão a Grace Paley por sua inteligência, talento e sabedoria.

SUMÁRIO

Prefácio

Não é todo dia que conhecemos alguém que nos faz rir, cuja energia contagiante nos dá vontade de levantar e sair dançando. Eu tive essa sorte ao ser apresentado a Nina Wise. Ela tem um vigor notável, presente em todo o seu trabalho criativo. Este livro é um convite para você acompanhá-la, abrindo espaço na sua vida para a mesma dimensão de alegria e criatividade.

Alguém me contou a história de uma menina de seis anos que perguntou à mãe aonde ela ia. A mãe respondeu que ia à universidade para ensinar seus alunos a pintar e a desenhar. "Quer dizer que eles esqueceram como se faz isso?", a garota perguntou, surpresa. Muitos de nós esquecemos como expressar a nossa criatividade, apesar de sabermos que brincar – nos soltar, dançar, cantar, criar com alegria – é uma das mais extraordinárias expressões de nossa energia. Gostamos de ver a alegria das crianças brincando, mas não nos preocupamos em alimentar a vitalidade do nosso corpo e do nosso espírito, para que não seque. O poeta John Ciardi diz que uma úlcera é uma dança não dançada, uma aquarela não pintada, um poema não escrito.

Na filosofia zen há um termo chamado Mente do Iniciante – um estado de percepção em que a pessoa permanece com a mente aberta, sem fazer qualquer esforço ou julgamento. À medida que for lendo este livro, você encontrará centenas de maneiras de entrar nesse estado e conseguirá assim reenergizar sua criatividade. Nos seminários que organiza, a autora consegue que executivos solenes fechem os olhos e dancem de mãos dadas, descobrindo uma vitalidade e alegria que permaneciam ignoradas. Chegou agora a sua vez de se soltar.

Solte a voz, cante no carro ou debaixo do chuveiro uma canção de amor da sua juventude, ande na chuva, tente dar uma cambalhota, dance na frente do espelho. Vá à praia, ande na borda do mar e faça castelos de areia. Corra, pule, gire, caia. Deixe mensagens criativas na secretária eletrônica, escreva bilhetes afetuosos, faça pinturas extravagantes, organize festas à fantasia, invente brincadeiras na cama.

Nina nos lembra que mesmo nossas práticas espirituais podem se tornar sérias demais e se transformar numa obrigação implacável. Não deixe que isso aconteça, coloque alegria em sua devoção.

Acorde. Deixe sua vida desabrochar. E permita que o convite de Nina faça você se lembrar de rir, de brincar, de confiar em si e no espírito criativo que mora em você.

Seja feliz.

Jack Kornfield
Spirit Rock Meditation Center
Woodacre, Califórnia, EUA

Introdução

Este é um livro para ficar sempre ao alcance de sua mão. Sabe por quê? Porque nele registrei descobertas que tenho feito nos meus muitos anos de trabalho dedicados à busca da felicidade e da criatividade através do corpo.

Este seu corpo maravilhoso, este seu corpo magnífico e cheio de possibilidades, que você mantém rígido, estressado, tenso, imobilizado diante do computador, na frente da TV, em salas de espera, nas várias filas que enfrenta, é capaz de fazer os mais variados movimentos que o soltem, liberando a esplêndida criatividade que está aprisionada dentro de você. Uma criatividade que, expressa em dança, arte, canto, atividades isoladas ou com parceiros, fará de você uma pessoa mais livre, mais leve, mais alegre, mais dona de si e mais feliz.

Sem pretensão, tenho um tesouro a lhe oferecer.

Usufrua dele!

Faço apresentações e ensino improvisação desde 1972. Ao longo do tempo, tenho perguntado a meus alunos o que os traz aos meus seminários, e eles apontam quase sempre o mesmo motivo: embora satisfeitos com seus relacionamentos afetivos, bem-sucedidos em suas carreiras, com filhos notáveis e uma situação financeira mais do que confortável, sentem que há um vácuo em suas vidas. Muitos se tornaram adeptos de práticas espirituais para preencher este vazio e, embora tenham progredido na paz de espírito, continuam a sentir um desejo indefinido. Fui aos poucos descobrindo que essa angústia pode ser aliviada e até eliminada através da auto-expressão, da espontaneidade e da brincadeira. Porque elas revelam e desenvolvem a vitalidade da alma.

Muitas vezes, depois de meditar, sinto uma espécie de brilho interior e de bem-estar que me fazem muito bem. Então, me levanto toda animada, pronta para entrar em atividade. Dez minutos, uma ou duas horas depois, lá estou eu de novo num estado de frustração, raiva ou depressão – a carga de trabalho é excessiva, o tráfego é intenso demais, a situação do mundo parece assustadora, o tempo nunca é suficiente. Meu bem-estar vai por água abaixo, apesar de pouco antes eu ter conseguido chegar a um estado equilibrado de serenidade. Fico então procurando o caminho de volta, seja qual for, que me leve para dentro de mim mesma, para um lugar de paz onde eu não me deixe contaminar pelas circunstâncias externas.

O que ofereço aqui são os caminhos que descobri: atividades de canto, dança, poesia e arte visual que têm o poder de nos transformar. Quero ajudar você a levar uma vida plena, livre, feliz e fora do comum. Uma vida divertida e cheia de entusiasmo. Quero ensinar você a relaxar e soltar a sua criatividade. Se você se abrir para aprender o que descobri, em breve se verá dançando na sala, cantando no carro, escrevendo poesia em guardanapos de coquetel, indo se maravilhar com o pôr-do-sol, chamando amigos para programas absolutamente originais. E tudo isso renovará sua vida, lhe trará alegria, abrirá seus canais afetivos. Você será mais livre para se expressar e fazer suas próprias escolhas. E será mais feliz e capaz de contribuir para criar um mundo melhor para todos os habitantes deste planeta.

* * *

Estou escrevendo esta introdução em novembro de 2001, seis semanas depois do ataque ao World Trade Center que, além da destruição das torres, causou a morte de milhares de pessoas. As tragédias se sucedem pelo mundo, acompanhadas de dor, medo, raiva e uma enorme desesperança em relação ao futuro da humanidade.

Nós nos perguntamos o que, como indivíduos, comunidades e sociedades, podemos fazer para participar da criação de um mundo seguro para nós e para as gerações de nossos descendentes.

Se queremos curar o mundo, diz o monge zen Thich Nhat Hanh, devemos começar curando a nós mesmos. Ele conta a história das pessoas que fugiam do Vietnã de barco durante a guerra, enfrentando o mar hostil e a extrema violência de piratas. Segundo ele, se apenas uma pessoa no barco fosse capaz de permanecer calma e tranqüila, a probabilidade de sobrevivência de todos os passageiros seria muito maior. Podemos pensar no planeta como um desses botes frágeis, à deriva no mar revolto. Se cada um de nós desenvolver a capacidade de justiça, bondade e compaixão, a probabilidade de sobreviver como espécie e criar o mundo que queremos deixar para os nossos filhos e para os filhos de nossos filhos cresce exponencialmente.

Vivemos numa sociedade que estimula o consumismo, e nos deixamos levar por ele, apesar de, no fundo, sabermos que a felicidade verdadeira e essencial não é atingida desta forma. Podemos acumular todo o conteúdo de um shopping center sem conquistar a felicidade que estamos sempre buscando. É porque estou convencida de que só podemos ser felizes quando somos livres para escolher o que é melhor para a nossa realização mais autêntica, que me dediquei a ajudar as pessoas a descobrirem que aquilo que nos alimenta nada tem a ver com o que possuímos e tudo a ver com a vitalidade da alma.

* * *

Um

A arte da liberdade

Lembrando quem somos

"Todos nós queremos ser livres. Isso faz parte da natureza humana. Queremos nos libertar da dor, do sofrimento, das limitações. Se olharmos no fundo de nossos corações, saberemos o que desejamos; somos apaixonados pela liberdade. Sentimos dor porque estamos separados desse nosso Amor, que é a liberdade... Mas encontrar a verdadeira natureza – encontrar a liberdade – não é tarefa para os tímidos. É necessário ter coragem, um espírito aventureiro, um coração destemido e uma força otimista."

HAMEED ALI – em palestra no Spirit Rock Meditation Center

A arte da liberdade

Raramente paramos para pensar em nós mesmos e para saber como somos. Por isso não nos damos conta de que a liberdade faz parte essencial da nossa natureza. Além do mais, a palavra liberdade pode ser muito mal entendida numa cultura baseada em regras, restrições, padrões e preconceitos. Nós nos deixamos aprisionar por uma série de "não devo", "não posso", "não fica bem", "o que os outros vão dizer?". Impomos normas rígidas a nós mesmos e aos outros, censurando e cerceando nossa liberdade de expressão. Lembro-me de uma velha senhora que pedalava sua bicicleta pelas ruas do meu bairro cantando em voz alta. Caminhava pelas ruas num passo de dança, sempre com um sorriso nos lábios. Durante algum tempo, fiz coro com os que a achavam meio maluca, até descobrir que ela era livre para expressar sua alegria, e que nós desperdiçávamos o dom que ela tinha a nos oferecer por causa da rigidez do nosso preconceito. Nós nos tornamos os carcereiros de nossa própria prisão. Por isso, somos nós mesmos que devemos abrir as portas e seguir sem medo de expressar nossa própria natureza.

Liberdade não nos impede de sentir dor, mas nos faz ter coragem para percorrer tanto as profundezas do sofrimento quanto o auge da alegria. À medida que nos permitimos expressar o que sentimos de modo intenso e sem julgamentos, descobrimos que o que nos angustia se transforma naquilo que nos cura – esta é a mágica produzida por nossa expressão criativa.

Recuperando o que perdemos

"Se não mudarmos de direção, provavelmente terminaremos onde começamos."

ATRIBUÍDO A CONFÚCIO

Quando falamos de progresso e evolução, imaginamos que estamos caminhando rapidamente para a frente. Mas é bom nos perguntarmos aonde estamos indo. Se prestarmos atenção, veremos que muitas vezes o progresso tecnológico tem nos privado de uma fonte vital de bem-estar.

Desde o início da espécie humana e até há poucas décadas, os seres humanos estavam muito mais próximos de suas criações. Fazíamos nossas próprias ferramentas, costurávamos nossas próprias roupas, construíamos nossos abrigos, cultivávamos nossa comida, cantávamos músicas inventadas por nós. Dançávamos juntos, harmonizando nossos passos com os dos companheiros. Construíamos instrumentos musicais de pele e tendões de animais, cordas e madeira vergada. Pintávamos nas paredes, em nossos corpos e nos utensílios. Estes atos criativos aumentavam o bem-estar das pessoas, fortaleciam laços familiares, mantinham as comunidades unidas e desenvolviam a intuição e sabedoria.

Fomos nos afastando dessas práticas, e passamos a receber produtos prontos. Sem nos darmos conta, o fato de abandonarmos a autoexpressão diminuiu o nosso bem-estar e afetou nossa saúde psicológica e mental. Com isso, o bem-estar pessoal e coletivo foi prejudicado.

* * *

Há pouco tempo passei uma tarde ótima com um amigo. Ele é uma das pessoas mais realizadas que conheço: carismático, de sucesso internacional, vivendo um casamento feliz, e adepto da meditação. Quando falei sobre este livro que eu estava escrevendo, ele parou por um instante e me confessou que, apesar de se considerar uma pessoa muito realizada, sentia que faltava em sua vida a dimensão da brincadeira espontânea. Ele ama sua mulher e seu trabalho, ama meditar, mas tem muita dificuldade para brincar.

Meu amigo me pediu que lhe ensinasse uma das práticas de meu livro, e descrevi para ele a que se chama *Um Momento de Movimento*. Estávamos andando na praia e, tendo o céu e o mar como pano de fundo, ele começou a dançar, no princípio com um certo constrangimento, mas soltando-se aos poucos. Quando terminou, aplaudi com entusiasmo. Ele então pediu que eu me movimentasse para que pudesse observar. Afastei-me alguns metros e fechei os olhos. Estava me sentindo triste naquela manhã, então deixei que a melancolia me conduzisse. Minha cabeça caiu sobre o peito, os ombros afundaram e os joelhos se dobraram até que eu caísse e rolasse lentamente pela areia. Quando terminei, me sentia mais leve e comuniquei isso a ele.

– Entendi – disse meu amigo, sorrindo.

Ao ver meu movimento, ele conseguiu compreender o que eu tentara expressar com palavras: quando uma pessoa dança, vemos não apenas o movimento físico, mas também o sentimento de quem se move. Quando liberamos o que está em nossos corações e corpos, nos sentimos melhor.

Ao continuarmos o passeio, a conversa fluiu com muito mais facilidade, pelo fato de termos dançado um para o outro. Na hora de irmos embora, perguntei se meu amigo faria uma experiência comigo.

– Em dois minutos, faça uma escultura com coisas que achar aqui na praia.

Ele correu para apanhar uma enorme bóia trazida pelo mar. Fiquei onde estava, amontoando pedrinhas brancas. Quando terminamos, olhamos um para o trabalho do outro. Meu amigo apoiara um rolo de corda encharcada no alto da bóia com um pedaço de madeira, e no pé de sua escultura colocara a casca brilhante de um caranguejo.

Quando voltamos aos nossos carros, paramos no alto do banco de areia e, olhando as ondas que batiam, confessamos um ao outro como ficáramos felizes por termos brincado juntos.

As práticas que realizamos – *Um Momento de Movimento* e *Escultura do Objeto Encontrado* – eram fáceis, e levamos apenas alguns minutos em cada uma. Mas o efeito foi profundo. Os jogos não eram excepcionais: apenas dançamos e arrumamos objetos de uma maneira que nos agradava. Certamente não é assim que a maioria de nós passa as suas tardes, mesmo se estamos com um amigo de quem gostamos e em quem confiamos, mesmo se estamos na praia, o sol brilha e há conchas, pedrinhas e galhos de madeira na areia.

Vocês se deram conta do que fizemos? Rompemos padrões, tivemos coragem de ousar, expressamos criativamente com nossos corpos o sentimento interior de que talvez nem tivéssemos consciência. Fizemos algo novo, de que éramos capazes, mas que poderíamos nunca ter feito se não resolvêssemos usar nossa liberdade inata, mas bloqueada por condicionamentos impostos.

* * *

Todo mundo é criativo. Quando falamos em criatividade, talvez pensemos em atividades ligadas a galerias de arte, teatros ou salas de música. E isso faz com que as pessoas se digam "Não sei desenhar, não sei cantar, não sei dançar", e prefiram passar a noite em frente da televisão. Desta forma, o impulso criativo, que está no âmago de todos os seres, permanece adormecido e ignorado dentro de nós.

No entanto, a criatividade se expressa em tudo o que temos coragem de inventar em qualquer setor de nossas vidas – nos jogos de amor, em experimentar uma receita nova, pintar nosso quarto de uma cor original, fazer um programa inesperado no fim de semana e até cantar no chuveiro. Criatividade tem a ver com nossa capacidade de romper os padrões para expressar o nosso desejo mais profundo, aquilo que está escondido e ignorado mas que, quando vem à tona, nos causa uma imensa alegria, porque corresponde à essência do nosso ser.

Não se trata de *aprender* alguma coisa, mas de permitir que aquilo que já está em nós se manifeste. Não é um processo fácil, porque estamos condicionados a comportamentos estereotipados. Sempre haverá vozes dentro de nós nos mandando parar. Essas vozes são espertas e nos dão uma série de razões para não nos expressarmos: *Você dança mal, vai fazer um papel ridículo, é melhor ficar observando os que sabem dançar. Pintar? Que pretensão! E não tente cantar, você vai desafinar, não tem ritmo nenhum e vai incomodar os outros se abrir a boca. Se desprezar estes sábios conselhos, vai se desvalorizar e perder o respeito e a estima dos outros.* Obedecemos a essas vozes como se partissem de uma sabedoria interna. Mas se tivermos paciência e pesquisarmos mais fundo, ouviremos uma voz mais tranqüila que nos convida a nos expressarmos livremente. Esta é a voz que pode nos libertar.

Há muitos anos, aprendi uma lição importante sobre o valor da auto-expressão. Ao terminar um longo relacionamento amoroso, eu me tranquei em casa durante muitos dias, e fiquei dançando ao som de uma canção de amor muito triste, enquanto as lágrimas caíam. Depois de uma semana de choro e dança, a dor do meu coração se acalmou. Fui aos poucos saindo do estado de tristeza dilacerante, e compreendi que me expressar através da dança tinha trazido alívio para a dor. O sofrimento se torna mais suportável quando o expressamos através da arte.

"A arte é uma ferida trazida à luz", escreveu o pintor francês Georges Braque. Nossos sentimentos e as situações que provocam sofrimento podem ser transformados, através dos nossos atos criativos, em fontes de divertimento e até prazer. Ao desenhar, pintar, cantar ou dançar, escrever poesia ou prosa, trocar a mobília de lugar ou fazer arranjos de flores, oferecemos à nossa psique um caminho para sair da escuridão e chegar a formas concretas. Da mesma maneira que nossos corpos são capazes de se curar de cortes, ferimentos e resfriados, nossos corações são capazes de se curar de feridas emocionais se encontrarmos um meio para expressá-las de forma saudável, em vez de nos deixar consumir por elas. E essa expressão criativa pode acontecer em qualquer lugar, em qualquer situação, em qualquer tempo e momento.

* * *

"Mesmo no meio da maior confusão há ainda um canal aberto para a alma se expressar. Talvez seja difícil achá-lo porque ele pode estar encoberto... Mas o canal está sempre ali e é preciso mantê-lo aberto para termos acesso à parte mais profunda de nós mesmos."

SAUL BELLOW

Como fazer

Faça como se sentir melhor. Pode ser que você queira seguir todas as práticas à medida que lê os capítulos. Se fizer isso, perceberá que os exercícios se encadeiam, guiando você passo a passo através de um processo que se desdobra.

Pode ler o texto todo e seguir apenas algumas das práticas, ou nenhuma delas, e depois, mais tarde, quando sentir necessidade, tirar o livro da estante, tal como faz com um livro de receitas, e ir direto à seção que deseja. Vai descobrir que cada uma tem vida própria.

Você pode, também, ler o livro inteiro sem tentar memorizar as práticas. De repente, para sua surpresa, vai descobrir-se dançando na sala de estar ou cantando enquanto leva o cachorro para passear. As sugestões contidas nestas páginas estarão presentes em sua mente e poderão expressar-se em algum momento. Ou então, o conceito de criatividade será absorvido por você e se expressará de novas formas. De qualquer maneira, é bom que pratique algo regularmente para manter viva a consciência da importância de expressar-se. Pode inventar suas próprias práticas ou adaptar as apresentadas aqui da maneira que achar melhor.

Coloque o livro em sua mesa-de-cabeceira e abra-o ao acaso de vez em quando antes de dormir. Mostre algumas práticas para seus amigos. Sinta-se à vontade para usar o livro da maneira que quiser. Crie seu próprio estilo.

Para ajudar você em qualquer das hipóteses sugeridas, apresento as seguintes diretrizes:

1 – Fique imóvel e em silêncio antes de iniciar cada prática e passe um tempo procurando esvaziar a mente de pensamentos. Deixe surgir seu desejo mais espontâneo, sem planejar nada previamente. Desta maneira, você viverá mais plenamente o momento presente.

2 – Respeite a maneira como se sente fisicamente. Se sente cansaço, assuma seu cansaço. Faça movimentos lentos e mínimos – dobrar um dedo ou rolar pelo chão. Cantarole a mais calma das melodias. Desenhe apenas uma linha. Lembre-se que a auto-expressão criativa se baseia fundamentalmente em transmitir a verdade do que você está sentindo.

   Por outro lado, se está animado e ativo, movimente-se com vigor, cante com energia, escreva de forma vigorosa. Isto é ser autêntico.

3 – Responda aos impulsos *emocionais* à medida que eles surgirem. Se está se sentindo irritado e resistente, deixe que sua irritação ou resistência

se expresse através dos movimentos, desenhos, escrita ou qualquer outra atividade que desenvolver. Se está amedrontado, expresse medo. Isso não significa que, se estiver com raiva, deve bater o pé e levantar os punhos no ar, ou, se estiver triste, deve fazer beicinho, cara feia ou cruzar os braços sobre o peito. Evite os clichês que *demonstram* mais do que *expressam* o sentimento. Em vez disso, sinta a energia que a raiva produz e permita que ela movimente seu corpo enquanto dança e sua mão quando pinta ou escreve. Talvez você pule para cima e para baixo, ou escreva rapidamente em grandes letras pretas rabiscadas cruzando a folha de papel. Talvez jogue tinta em papéis espalhados pelo chão. Se estiver triste, sinta a energia que a tristeza produz e deixe que ela dirija seus movimentos. Talvez você deixe a tinta cair como lágrimas sobre o papel. Pode descrever a sensação de aperto no peito. Ou qualquer outra coisa que tenha vontade.

4 – Inclua tudo o que acontecer ao seu redor ou com você. Se cair inesperadamente, deixe-se cair. Se uma sirene interromper sua canção, cante com a sirene. Não despreze nada, pois qualquer coisa é capaz de tornar-se material de expressão.

Às vezes podemos achar que o ambiente em que estamos não é adequado para a expressão criativa. Mas, na realidade, podemos criar em qualquer lugar, a qualquer tempo. Desde que não estejamos interferindo na liberdade de alguém, podemos cantar em um elevador, dançar na cama, desenhar na calçada. Não deixe nada de lado.

5 – Entregue-se. Desista de acreditar que você controla o modo como sua vida se desdobra, seu trabalho funciona, você se movimenta ou canta, desenha ou escreve poesia. Entregue-se, abra mão do controle. O impulso criativo que existe em nós funciona melhor no campo da arte do que a mente consciente. "Nossos sentidos, nossos instintos, nossa imaginação estão sempre um passo à frente da nossa razão", escreveu Octavio Paz. Entregue-se ao subconsciente. Entregue-se.

6 – Surpreenda-se. Procure conhecer o novo, o que nunca fez antes. Valorize os movimentos feitos sem equilíbrio, de modo estranho,

excêntrico, desajeitado. Quando sua mão escreve mais depressa do que sua mente trabalha, você está acessando o subconsciente, fazendo contato com a torrente criativa.

7 – Corra riscos físicos e emocionais. É claro que não a ponto de machucar a si ou aos outros, mas ultrapassando o conhecido e avançando em direção ao desconhecido. O risco adiciona estímulo e interesse ao seu trabalho. Não faz mal se você se arriscar e não der certo. Pode perder o equilíbrio e cair ao tentar ficar na ponta dos pés balançando-se de um lado para o outro. A queda é tão importante quanto o equilíbrio. Pode encontrar dificuldade ao tentar escrever a respeito de um acontecimento doloroso ou traumático, e assim vivenciar a dificuldade em falar sobre ele. Ótimo! Chegue ao limite de sua capacidade, ultrapasse minimamente este limite, amplie sua habilidade e continue até o próximo limite.

8 – Não se importe em cometer erros. Seja estúpido, desajeitado, ridículo. Escreva o pior poema imaginável. Pinte um quadro horrível. Cante fora do tom. Atrapalhe-se. Muitas vezes ao tentarmos ser bons ou habilidosos escondemos uma parte mais profunda de nós mesmos. Quando nos permitimos cometer erros, descobrimos a sabedoria que existe em nossa estupidez, a graça embutida na falta de jeito, a verdade escondida no ridículo. Quando for malsucedido, congratule-se por sua coragem e vitalidade.

9 – Comprometa-se com o que está fazendo. Não se contenha. Ponha energia em sua ação. A mente que censura vai estar recitando seu mantra: *"Isto é chato, você está fazendo um papel ridículo, não serve para nada, você está desperdiçando um tempo precioso."* Deixe a censura recitar o mantra, já que você não pode controlá-la, mas não preste muita atenção. Comprometa-se com o que está fazendo usando o dom da energia. Você não tem que acreditar no que está fazendo. Simplesmente tem de fazer.

Absorva as instruções acima, mas não se deixe aprisionar por elas. O que desejo é que elas lhe apontem uma direção. Não podem conduzir você.

Um dos meus professores, o grande mestre advaita H. W. L. Poonja, sempre usava uma metáfora quando nos falava sobre seus ensinamentos. Dizia que a sua liderança era como um dedo apontando para a lua. Se você se concentrar no dedo do professor, ele advertia, jamais verá a lua. O dedo não pode tocar a lua ou tirá-la do céu e colocá-la na palma da sua mão. Pode apenas apontar, e se você seguir a direção que o dedo aponta no céu da noite, então verá a lua.

Assim deve ser este livro para você.

Esforço, nenhum esforço e amor

Numa manhã, depois de passar várias horas escrevendo sobre como a energia sem esforço é a chave para destravar a porta para a energia criativa, fiz uma pausa e decidi ir à loja de bicicletas, pois precisava de um cadeado e de um capacete para estrear a bicicleta que tinha acabado de comprar. Cheguei a pensar em ir pedalando, mas a idéia ainda me assustava e preferi pegar o carro.

Na loja, uma jovem simpática colocou o capacete na minha cabeça e ajustou as tiras com um toque de especialista. Confesseilhe que não me sentia confiante o suficiente para sair pedalando a nova e brilhante bicicleta estacionada no meu jardim, achava que não tinha jeito para isso e que tinha um pouco de medo.

– Não é questão de se sentir confiante ou de ter jeito para a coisa – disse ela. – É questão de se forçar. Você tem de se forçar no início, aí se acostuma e não vai parar de pedalar.

Vi que ela estava certa. Até se acostumar, você tem de se forçar – tem de decidir que vai pedalar a bicicleta e pronto. Acontece o mesmo a respeito de fazer arte. No início, é preciso se obrigar. É preciso se levantar por um minuto e dançar, começar a cantar no carro, escrever poesia num envelope usado ou descobrir o prazer de andar debaixo da chuva. E então você vai se apaixonar por essa experiência e não terá mais de se forçar a fazer nada. Passará a ser uma questão de amor.

Dois

Alguma coisa na maneira como nos movimentamos

Redescobrindo o corpo

"Oh, mas eles dançavam, dançavam sempre
ela dançava como um demônio, ela lhe dirá,
lembrando-se de um vestido da cor do sol nascente,
o cabelo afofado como espuma do mar
a mão úmida de algum homem ou algum rapaz
nas suas costas
a música suave tocando
dentro dela, calor e volúpia
como uma linguagem suprimida,
insistindo em se expressar
através de seu corpo eloqüente,
um grito remoto
das palavras bem cuidadas
em seus lábios."

LIESEL MEULLER
Extraído de *Silêncio e dança*

A liberdade é contagiante

Quando eu tinha dezoito anos, comprei uma mochila e fui para a Europa. Depois de umas semanas tremendo de frio no norte chuvoso, segui o chamado do sol de inverno e fui para Creta, onde me alojei numa caverna num penhasco que ficava sobre uma praia de areia clara. À noite, jantava com outros viajantes num café que servia pratos cheios de azeitonas e fatias de pepino em conserva. Os homens do lugar, de pele escura, grossos bigodes e cabelos negros, sentavam à volta das mesas, fumando cigarros sem filtro e bebendo. Conforme a noite avançava, começavam a cantar e então, uns com os braços sobre os ombros dos outros, dançavam. O suor apontava em suas testas enquanto se agachavam e sacudiam as pernas, rindo com gosto. Gritavam nos chamando e só pareciam satisfeitos quando nos juntávamos a eles, dançando.

Não falávamos a mesma língua, mas as palavras não importavam. O que importava é que estávamos dançando juntos, batendo os pés no mesmo ritmo, suando juntos, olhando uns para os outros e sentindo ali o prazer da dança, os cabelos desalinhados, as roupas molhadas, o batom desbotado, as faces brilhando, todos juntos embalados no mesmo ritmo.

O que senti ao dançar em Creta com pessoas estranhas foi uma alegria cristalina que nada tinha a ver com fama, sucesso ou romance, mas tudo a ver com a ventura maravilhosa de se apaixonar pela vida. O que senti ao dançar com estranhos não tinha nada a ver com religião, mas tudo a ver com tornar a vida sagrada.

Se quisermos conhecer a liberdade plenamente, devemos encontrá-la não apenas em nossa mente, mas também em nosso corpo – a casa do nosso ser. O corpo físico é o meio para conectar o sagrado e o profano, o transcendente e o comum, um meio para expressar nossa natureza essencial que nos traz alegria e entusiasmo. Quando desenvolvemos a capacidade de nos expressar espontaneamente através do movimento, nós nos libertamos de uma série de entraves. À medida que conhecemos este sentimento de liberdade no corpo, que experimentamos seu gosto e sabor, passamos a nos expressar cada vez mais livremente e de forma contagiante.

Os seres humanos respondem visceralmente ao movimento. Quando observamos um bailarino ondular ou um cervo pular, um ginasta pairar no ar ou um patinador rodopiar no gelo, nosso sistema nervoso liga os neurônios à cartilagem, músculo e osso, de modo que estamos literalmente *sentindo* o movimento que estamos *vendo*.

Buda ensinou vários métodos para se atingir a iluminação. Um deles era "sentir o corpo no corpo", para concentrar a percepção na experiência que estava acontecendo. Embora essa instrução pareça simples, a maioria de nós é incapaz de concentrar a atenção nas sensações físicas. Em vez disso, nos distraímos com nossos pensamentos e emoções, só prestando realmente atenção em nossos corpos quando sentimos uma dor mais forte ou um prazer físico especialmente intenso. Se estamos envolvidos com nosso trabalho ou hipnotizados diante da televisão, na fila do mercado ou sentados num aeroporto, nos tornamos insensíveis às necessidades do corpo e ignoramos o impulso de nos movimentarmos. Vamos nos embotando de tal forma, que deixamos de perceber os sentimentos e as sensações do corpo.

Na volta de um festival de apresentações na Itália, havia uma longa escala no Aeroporto Kennedy, em Nova York. As muitas horas de vôo num avião apertado tinham agravado uma antiga lesão causada pela dança. Assim, me sentei de pernas cruzadas no tapete cinza da sala de espera e comecei a me movimentar, fazendo uma série de exercícios de alongamento. Nos anos 1970, a ioga ainda não era moda, mas eu estava me sentindo tão desconfortável que não dei a menor importância ao que os outros passageiros pudessem pensar sobre o meu comportamento.

No avião, um homem corpulento num terno escuro sentou-se ao meu lado, apertou o cinto de segurança, cruzou as pernas e imediatamente abriu seu jornal. Eu cruzei as pernas e peguei meu livro. Quando a aeromoça passou por nós, meu vizinho pediu dois uísques que bebeu um atrás do outro sem tirar os olhos do jornal. No jantar, finalmente olhou em minha direção.

– Estava com receio de acabar sentando perto de você – resmungou. – Vi você no aeroporto e pensei "que droga, garanto que vou acabar sentando ao lado dessa mulher maluca".

Apesar de toda a raiva que senti daquele fascista desprezível e reprimido, tentei dizer baixinho, sem olhar para ele, que aqueles movimentos eram para aliviar a dor que eu sentia nas costas. Ele abaixou o garfo, virou-se para mim e, ao me olhar, vislumbrei pela primeira vez algum lampejo de humanidade em seus olhos.

– Está se sentindo melhor? – perguntou, me oferecendo uma aspirina que gentilmente recusei.

A partir daí, começamos a conversar, e quando o avião iniciou a descida, já tínhamos nos tornado amigos. Ao nos despedirmos calorosamente, ele respirou fundo e perguntou:

– Aliás, onde se pode aprender alguns desses exercícios de alongamento que você estava fazendo?

Suas costas também lhe causavam problemas havia muitos anos. A parte de meu vizinho de viagem que desejava liberdade entrara em contato com a minha que também desejava liberdade, e lá estávamos nós como companheiros na busca de conforto verdadeiro.

A liberdade exige coragem. Vocês já repararam como conspiramos uns com os outros para manter nossa escravidão? Para romper a prisão dos nossos medos só existe uma forma: expressar o que sabemos ser verdadeiro. Temos de estar dispostos a alongar o corpo no aeroporto se sentimos dor (de forma discreta, apenas deixando a cabeça cair sobre os joelhos enquanto nos sentamos, se for necessário, ou levantando os braços discretamente num canto). Quando somos verdadeiros com nós mesmos, nos tornamos luzes que promovem descobertas nos outros e os ajudam a viver.

Até hoje mantenho contato com o vizinho de poltrona no avião, e sei que as dores em suas costas melhoraram muito.

O convite do corpo

Se prestarmos bastante atenção em nossos corpos, perceberemos que são constantes os impulsos de movimento – levantar um braço, deixar cair um ombro, dobrar um joelho ou mexer os quadris. Se quisermos, podemos considerar esses movimentos como uma dança constante. Dançamos andando pela rua com os braços balançando. Dançamos oscilando levemente numa fila de cinema. Podemos imitar a dança de *Zorba, o Grego,* numa praia deserta, deixando pegadas na areia molhada. Ou talvez seja uma noitada numa boate, dançando animadamente, pés batendo, quadris e cabeça balançando, corpo suado. Não importa. Quando se dança, não é o intelecto que domina; sentimos nossos corpos e ficamos inundados de alegria e vitalidade. Mas, apesar disso, nos esquecemos de dançar, e assim renunciamos ao bem-estar e à sensação de paz que nos invade. Felizmente, a qualquer momento podemos tomar posse do nosso corpo e transformar movimento em dança quando caminhamos, fazemos exercícios, falamos, fazemos amor, cantamos, celebramos, meditamos.

A prática

Feche os olhos e deixe sua atenção deslizar para dentro do seu corpo (como se engolisse uma dessas minicâmeras que os médicos usam para olhar dentro de nós) e sinta o que está acontecendo. Sinta as dores, os puxões, a pressão, imagine o zumbido de tudo isso e então, com os olhos ainda fechados, movimente-se. Alivie o que dói, solte o que está preso. Talvez a cabeça queira tombar para a frente para aliviar uma área tensa no pescoço. Talvez os braços queiram se levantar para abrir os ombros. Movimente-se por um minuto, sentado à mesa de trabalho, deitado na cama ou em pé na sala. Ou enquanto espera que o borracheiro troque o pneu do seu carro.

Responda a todos os apelos do corpo para aliviar tensão, contração ou dor. Alongue, espiche, ondule, role, flexione, incline, balance. Se está num lugar público e não quer chamar atenção, faça pequenos movimentos. Mas movimente-se.

Aliviar a tensão do corpo também alivia a da mente. Acho que aeroportos deviam ter minidiscotecas e bandas de *mariachis* circulando, oferecendo aulas de salsa para que as pessoas pudessem dançar enquanto esperam naquelas áreas onde todos ficam nervosos, manuseando jornais impacientemente e entornando drinques. Como a mente e o corpo não são separados, só alcançaremos conforto e bem-estar se prestarmos atenção aos apelos do corpo.

Há algum tempo fui convidada para dar um treinamento sobre criatividade e redução de estresse numa empresa de informática recém-criada. Na primeira sessão para o grupo de executivos, comecei com exercícios de movimento – uma ferramenta simples e comprovada para aliviar o estresse. Enquanto conduzia o grupo por uma série de movimentos delicados, um dos participantes franziu as sobrancelhas, manifestando seu desagrado; outro foi ao banheiro; um terceiro saiu para falar ao celular. Um dos homens interrompeu os movimentos e se sentou em uma cadeira encostada na parede. Cheguei perto dele durante o intervalo e perguntei como estava se sentindo.

– Bem. Mas, francamente, não gosto de dançar ou fazer essas coisas. Vou ficar só olhando.

Ele estava bem acima do peso e claramente desconfortável com aquela atividade física.

– Talvez você goste de aprender a se movimentar com mais liberdade – sugeri.

– Por quê?

– Tenho certeza de que você se sentiria mais feliz – eu disse. Gosto de pensar que sou uma pessoa que deixa os outros decidirem por si mesmos o que os faz felizes, mas as palavras me escaparam.

– Estou me sentindo perfeitamente feliz – ele respondeu. – Fui reprimido durante toda a minha vida e me acostumei com isso.

Suas palavras me surpreenderam, e duvidei que ele acreditasse no que dizia. Também não consegui pensar num conselho que pudesse ser útil àquele homem. Constatei porém, mais uma vez, como era incrível que tantas pessoas maravilhosas fossem incapazes de rodar os ombros ou balançar os quadris, esticar as pernas ou ondular a coluna, e desistissem de conquistar essa liberdade de movimento sem uma palavra de protesto.

Durante milhões de anos os seres humanos não optaram por um estilo de vida sedentário. Em muitas partes do mundo, ainda há pessoas que andam distâncias consideráveis, jogam e puxam redes de pescar, se agacham para conversar, escalam troncos de árvore, cavam a terra, semeiam e colhem. Nas atividades da vida diária, movimentam-se com facilidade. No entanto, a maioria das pessoas perdeu esta desenvoltura, porque a vida sedentária e a tensão endurecem nossos corpos. Mas nem tudo está perdido! Cada um de nós tem a capacidade de redescobrir nossa liberdade de movimento. Basta um minuto por dia.

Transe

Há muitos anos, fui à cidade de Todos Santos, na Guatemala, onde cheguei na véspera do Dia de Finados. Acreditando que nessa época se abre o véu que separa o mundo dos mortos do mundo dos vivos, os habitantes do lugar se reúnem no cemitério para entrar em comunhão com seus ancestrais. Os músicos levam suas marimbas e vão de tumba em tumba, por dias e noites, acompanhando os moradores – os homens com coletes negros, chapéus de palha e calças bordadas de cores brilhantes; as mulheres com saias compridas e blusas de listras vermelhas com faixas brilhantes. Eles rezam, entoam cânticos, fazem piquenique, oferendas, bebem à luz da lua e dançam.

Fiquei observando os rituais com a perplexidade curiosa que os desinformados têm em relação ao que consideram exótico. Duas senhoras desdentadas, com as costas arqueadas, rostos cheios de rugas, os cabelos grisalhos presos em tranças, se davam as mãos enquanto balançavam sobre uma tumba coberta de cascas de laranja e migalhas de pão. Vendo que as observava, estenderam as mãos e me convidaram para juntar-me a elas. Não podia recusar. Segurei seus dedos rijos e ásperos e, juntas, nós três batemos os pés no ritmo cadenciado das marimbas e dançamos com os ancestrais.

Olhando por cima de seus corpos curvados, pensei em minha avó, Belle, em meu avô Herman, em todos os ancestrais que conheci pessoalmente ou de quem ouvi falar, cada um com suas características e sua história. Com os olhos da imaginação, eu os vi dançando no cemitério comigo, com as avós índias e seus ancestrais, a corrente de nossas famílias nascendo, morrendo e dançando.

Na maioria das culturas em todo o mundo, dançar é um meio para fazer contato com espíritos, uma forma de rezar. A quantidade de pessoas que compreendem como comungar com o sagrado através do corpo é imensa.

Quando crianças, nós sabíamos como entrar em transe: rodopiávamos sem parar até que, incapazes de nos manter em pé, caíamos no chão e o mundo rodava à nossa volta. Somos capazes de entrar em transe dançando, mas nos reprimimos.

Para recuperar a dança como um caminho para a alegria, o bem-estar, até mesmo para o sagrado, tudo que precisamos fazer – em qualquer lugar, de qualquer maneira, sozinhos ou acompanhados, dentro de casa ou ao ar livre – é dançar.

Três segredos

Há três segredos para você se divertir enquanto dança:

1 – Envolva-se no que está fazendo, seja o que for. Se está apenas balançando a mão no ar, preste atenção a este movimento, sinta-o, valorize-o. Mesmo o gesto mais básico e comum pode se tornar muito interessante se você se dedicar totalmente a ele. Se pararmos para analisar o que significa um movimento – a complexa bioquímica do cérebro enviando sinais para músculos e ossos –, compreenderemos que qualquer movimento é um milagre. E, se prestarmos atenção, poderemos sentir o milagre da tomada de consciência no corpo que se movimenta. Um bom bailarino, que sente intensamente seu corpo, é capaz de atingir quase um estado de êxtase ao dançar.

2 – Não importa se você se movimenta bem ou mal. Somos educados numa cultura que valoriza mais o sucesso do que a realização. À medida que ficamos mais velhos, a tendência é nos limitarmos apenas às atividades que desenvolvemos com habilidade considerável, abandonando uma quantidade enorme de experiências. Para não perder essas oportunidades, precisamos compreender que nosso sucesso não está na execução perfeita de uma dança, mas em ter coragem de tentar aquilo em que temos menos habilidade e, durante algum tempo,

procurar ultrapassar os limites. Se ao tentar dançar descobrirmos os pontos de nosso corpo onde somos rígidos e incapazes de nos mexer, já demos o primeiro passo para a conquista de novos movimentos.

3 – Quando se sentir atrapalhado com os pés, em vez de se empenhar para resolver isso, divirta-se com sua dificuldade. Quando se sentir desajeitado, em vez de procurar se tornar gracioso, penetre profundamente na falta de jeito. Quando se sentir paralisado, espere até ser capaz de um minúsculo movimento, e, quando se sentir desconfortável, entregue-se tranqüilamente à situação de desconforto. Não procure fugir da sua confusão, da sua falta de jeito, da imobilidade, do desconforto. Sinta-os profundamente, e verá que aos poucos eles se dissolvem, deixando emergir os movimentos que estão presos dentro de você desejando manifestar-se.

Corra e pule

Muitas vezes a parte mais desafiadora da dança é saber como começar. Dada a partida, o movimento pode fluir, mas não nos sentimos seguros quanto ao modo de iniciar. Procure não pensar porque, como já disse, o movimento em geral não é imaginado na mente, mas sentido no corpo. Inicie qualquer movimento, sem pensar, sem se preocupar em acertar.

Lembro-me de como aprendi a pular corda quando criança. Dois amigos seguravam as pontas da corda e, juntos, a rodavam. Eu ficava a uma boa distância, traçando o movimento circular da corda com as mãos para sentir o ritmo em meu corpo. E de repente, eu corria e pulava, esperando que meu corpo soubesse o suficiente para se comportar de modo que a corda estivesse no alto da minha cabeça quando eu ficasse entre os dois, e que meus pés pulassem quando a corda batesse no chão abaixo de mim. Descobri que pular corda só seria fácil se desistisse de ficar pensando no movimento e permitisse que meu corpo fizesse o movimento. Foi um momento de intenso prazer. Você pode aplicar a mesma lição para andar de bicicleta, esquiar na água e fazer amor: deixe o corpo fazer o que ele já sabe. Não se meta no caminho.

A prática

Escolha uma música de batida vigorosa e sinta o ritmo entrar no seu corpo. Então, sem pensar, abandone-se ao movimento. Se sentir que começa a pensar no que está fazendo, retorne a atenção para o corpo. Repita isso várias vezes.

Na próxima vez em que estiver numa festa, aproxime-se da pista de dança e sinta a batida. Felizmente vivemos numa época em que você pode dançar sem par. Deixe o ritmo entrar minimamente no seu corpo e, então, sem pensar, entre na pista e comece a se movimentar. Confie no seu corpo. Não pense. Deixe o corpo se movimentar.

Dando vazão a um impulso

Eu corri, eu pulei, alguns de vocês podem estar me dizendo agora. "Botei o livro de lado, levantei-me da poltrona, coloquei a música e senti o ritmo entrar no meu corpo, exatamente como você sugeriu. Decidi tomar coragem e começar a dançar. Levantei um braço, balancei os quadris, mas não tinha idéia do que fazer depois disso e acabei parando, sem conseguir me mover. O que é que eu faço agora?"

Se você acabou parando é porque foi além da conta. Dançar é fácil, mas só se você permitir que seja. Tente o seguinte:

A prática

Permaneça completamente imóvel por um momento. Então, inicie um movimento muito pequeno, muito *fácil* – vou repetir: fácil – que você possa repetir várias vezes. Pode ser bater o pé, balançar a cabeça de um lado para outro, mexer com os ombros. Concentre a atenção em *sentir* o movimento, permitindo que ele tenha vida própria.

Amplie o movimento. Se está batendo com o pé, pode levantá-lo mais do chão. Se está mexendo com os ombros, faça um movimento maior. Coloque neste movimento fácil – repito, fácil – energia e atenção.

Amplie cada vez mais o movimento, soltando-se cada vez mais, até que todo o seu corpo esteja envolvido, você andando pela sala, ampliando o movimento com animação e sem esforço. Sem nenhum esforço mesmo, pois o esforço só prejudica. Dançar é isso, basta encontrar o caminho. Mas lembre-se: o caminho se esconde quando você começa a *trabalhar* para achá-lo.

Quando chegar ao máximo que puder atingir sem esforço, comece a diminuir o ritmo gradualmente até retornar ao pequeno movimento inicial. Sinta como ele pode ser realmente pequeno e, mesmo assim, ser um movimento que dá prazer. Talvez um observador a uma certa distância não consiga perceber que você ainda está se movimentando, mas, internamente, o movimento existe.

Finalmente, chegue à total imobilidade e sinta a reação de prazer por ter movimentado o que parecia adormecido, mas que está vivo mesmo na quietude do corpo.

Como em todas as formas de meditação, o importante é tomar profundamente consciência do que está acontecendo. Tornar-se inteiramente presente. Não hesite. Entregue o seu corpo à dança e você receberá como recompensa o prazer que é o direito sagrado de todos os seres.

Outra descoberta importante que fiz foi o prazer que o corpo sente quando nos movimentamos em círculos. Rodopiar com o corpo, fazer círculos com os braços, com os ombros, quadris, tornozelos, punhos, pescoço, dedos – as juntas parecem ter sido desenhadas para fazer círculos. Faço círculos com o corpo sempre que posso – em discotecas, no meu estúdio, disfarçadamente na fila do mercado, no quintal, e às vezes só usando as mãos dentro da banheira.

Rodopie ouvindo música. Rodopie de mãos dadas com uma amiga. Rodopie em cima de uma superfície macia até cair no chão. Quando estiver na frente do computador e sentir as costas tensas, faça círculos com os ombros, com a cabeça, com a coluna vertebral. Se estiver deitado na praia, levante os braços e faça círculos sentindo a brisa do mar. Quando estiver na fila do supermercado e a pessoa na sua frente tiver feito compras para alimentar um batalhão, faça pequenos círculos com os quadris e gire os olhos. O alívio que você vai sentir requer apenas um minuto de movimento.

Dançando com as mãos

Num encontro com uma editora de Nova York, me perguntaram qual das práticas deste livro era a minha favorita.

Na hora me deu um branco e não consegui me lembrar de nenhuma.

– Gosto de todas – respondi. – Vamos dançar com as mãos – sugeri, falando a primeira coisa que me veio à cabeça.

A editora concordou, um tanto relutante. Levantou-se para fechar a porta do escritório e não ser vista por seus colegas.

– O que eu faço? – perguntou.

– Dance com as mãos – respondi.

Ela ficou com um ar confuso, tentando adivinhar os movimentos que devia fazer. Eu disse:

– Não pense. Mexa as mãos sem qualquer interferência mental. Se quiser, feche os olhos.

– Então você tem de fechar seus olhos também – ela insistiu.

A editora, sua divulgadora, minha agente e eu nos sentamos com os olhos fechados para que uma não ficasse com vergonha da outra e dançamos com as mãos. Mas eu as enganei. Olhei pelo canto dos olhos e observei três mulheres adultas, todas usando roupas escuras, balançando as mãos em pleno vigésimo terceiro andar de um arranha-céu de Manhattan.

– Achei maravilhoso – exclamou a editora quando acabamos. As outras concordaram, dizendo-se maravilhadas.

Temos a tendência de não dar muita atenção às nossas mãos. Nós as condenamos a fazer movimentos repetitivos em teclados de computador, volantes de automóveis, à mesa de refeições, horas a fio, sem descanso. Às vezes elas protestam, enviando um arrepio de dor através de nossas juntas. Respondemos a isso usando acessórios como bolsas de água quente, de água fria, relaxantes musculares.

Mas não permitimos que dancem. Nem pensamos nisso. Só acreditamos em procedimentos complexos e nos surpreendemos quando jogos fáceis, que realizamos sem pensar e rapidamente, de fato despertam um prazer imediato.

A prática

Mexa as mãos, mesmo que elas já pareçam se mexer. Você pode executar minidanças, mexendo apenas os dedos, enquanto os punhos ficam apoiados no teclado, sobre a mesa ou no volante do carro. Pode incluir também a mão inteira e o antebraço. Caso sinta vergonha, pode manter as mãos no colo. Você pode dançar com as mãos enquanto fala ao telefone, durante o banho ou na sua caminhada matinal.

Pode mexer uma mão de cada vez e deixar a outra responder, como se elas estivessem conversando. Pode mexer os dedos bem depressa ou bem devagar. Suas mãos podem se tocar, se engatar firmemente ou nunca se tocar, ficando bem distantes. Você pode criar formatos com os dedos ou as palmas das mãos. Pode deixar as mãos voarem no ar, agitá-las ou acenar com elas. Talvez seja difícil no início. Mas o importante é começar. Aí então vai ser difícil parar. Mas não é preciso parar.

A dança da árvore

Comecei a me movimentar aos quatro anos, quando minha mãe me inscreveu numa aula de dança moderna para crianças. Eu usava uma saia que esvoaçava quando atravessava a sala com um grupo de meninas caindo, rolando e rastejando.

– E agora vamos fingir que somos insetos – dizia a professora num espasmo de felicidade, arrastando-se pelo chão, com os dedos abertos e os cotovelos dobrados e projetados.

Éramos forçadas a imitá-la.

– E agora vamos fazer de conta que somos elefantes – dizia ela com um entusiasmo assustador enquanto se curvava com os braços entrelaçados e balançando entre as pernas, como se fosse uma tromba.

Desde essa época, tremo de pavor quando alguém sugere que eu dance como o pôr-do-sol, um furacão ou um golfinho. Mas fiquei conhecendo a dança da árvore e, por alguma razão desconhecida, fui levada a praticá-la.

A inspiração inicial surgiu num verão em que estava na casa de Mel Henderson, um amigo escultor. Mel construiu um quarto para mim em seu terreno, sob um estrado feito dos troncos de quatro pinheiros altos. Todas as tardes eu levava grandes garrafas plásticas pela trilha íngreme que ia até um riacho e fazia minha provisão de água. No caminho havia três tocos de árvore. Um dia subi num deles e com os pés firmemente plantados como se eu tivesse raízes, comecei a dançar. Eu não fingia ser uma árvore, mas me *sentia* uma árvore, como se o vento, passando entre os galhos, me movimentasse. A sensação de balançar meu torso e membros, primeiro suavemente, depois com mais vigor, enquanto meus pés permaneciam parados, era surpreendentemente irrefreável e reconfortante. Assim, nas semanas que passei na propriedade de Mel, freqüentemente me colocava sobre os tocos de árvore para dançar.

No fim daquele verão, eu devia fazer uma apresentação numa galeria de arte. Mel colocou na minha caminhonete três tocos de árvore de tamanhos diferentes e passei a tarde arrumando-os sobre o chão de madeira encerado da galeria. Comecei minha apresentação dançando sobre um dos tocos e contemplando a rede interligada formada de árvore, membros, tocos, chão de madeira, corpo e dança. Foi um momento mágico, e acho que transmiti essa sensação ao público.

Recentemente, durante um retiro para meditação, subi a encosta de uma montanha coberta de vegetação seca e brilhante e fiquei admirando as montanhas ao redor. O céu era de um azul nítido de inverno. O vento frio que vinha da costa me gelava os braços nus. O pôr-do-sol me deslumbrou. Firmei os pés no chão e dancei como uma árvore, movendo meus membros sobre a base firme dos meus pés. Era como se o céu, a grama e o velho carvalho perto dali carregassem ritmos que meu corpo podia sentir, e dancei naquela cadência. Estamos acostumados a dançar com um par e ao som de música, mas também podemos dançar ao ritmo e ao toque do sol, do vento, da chuva e da luz das estrelas, e permitindo que esses elementos penetrem em nosso corpo.

A prática

Fique em pé, com as pernas afastadas na largura dos quadris. Feche os olhos e firme os pés no chão. Permita que o movimento surja, como se um vento soprasse e movimentasse você. Permita que o sopro do vento movimente seu corpo. Os braços podem levantar, os dedos podem ondular e o torso balançar de um lado para o outro.

Deixe que movimentos mais vigorosos surjam. Mantenha os pés firmes no chão. À medida que se movimentar, sinta a terra sob você e o céu sobre sua cabeça e permita que a terra e o céu entrem em seu movimento. Deixe que as condições do tempo entrem em seu movimento, e também a luz. Deixe a vegetação, os pássaros e as pedras entrarem no seu movimento. Deixe as árvores entrarem em seu movimento.

Vá aos poucos diminuindo o movimento e, quando achar que chega, procure o caminho em direção à tranqüilidade.

Um momento de movimento

De vez em quando me lembro de dançar. De vez em quando, me levanto do computador, desligo o telefone ou paro um pouco antes de lavar a louça, ponho uma música e danço pela sala, sozinha e sem ninguém me ver. De vez em quando me lembro de como me sinto melhor quando faço isso. Às vezes não consigo me concentrar na dança, não consigo quebrar o transe hipnótico que me faz ficar sentada, dirigir, navegar na Internet, enviar e-mails, conversar. Mas a memória da dança que fica nos meus ossos, tendões e músculos insiste em me lembrar que, mesmo que seja por um minuto, eu tenho de dançar.

Levante-se e dance. De forma desajeitada, graciosa, estranha, da forma que você puder. Descubra movimentos que nunca fez antes, repita os que você gosta de fazer, que faz há anos. Faça movimentos amplos, usando todo o corpo, balançando braços e pernas. Faça movimentos restritos, com apenas uma parte do corpo, como um dedo ou um cotovelo. Atravesse toda a sala e depois retorne. Ou ocupe apenas um espaço bem pequeno.

Estique os braços até a pontinha dos dedos e sinta a coluna se alongar nesse movimento. Raramente nos alongamos até o limite de nossa capacidade. Alongar ultrapassando este limite nos dá uma sensação de força, orgulho, poder e satisfação.

Dance com todas as espécies de música, faça movimentos completamente diferentes ouvindo Chopin, Rolling Stones, Miles Davis ou um samba rasgado. Você vai conhecer personagens internos que nunca identificou antes, porque não tinha encontrado um modo de fazê-los sair do esconderijo.

Permita-se ser elegante, bobo, sofisticado, ridículo, erótico. Invente ou copie o que viu alguém fazer. Feche os olhos. Abra os olhos. Dance olhando seu reflexo na porta envidraçada. Dance com sua sombra. Dance com seu cachorro ou com uma flor. Por um minuto, ou dois, ou cinco. Sua tarefa é dançar.

Três

Cantar como um rio

Abrindo a voz

"Houve um tempo em que o som mais alto era o da cidade cantando. Passamos de um mundo cheio de sons – o canto de um pássaro, o vento nas árvores, os insetos, as pessoas cantando – para um mundo repleto do barulho de máquinas. Todas as ciências nos dizem que somos ressonantes. Se este é um mundo ressonante e somos seres ressonantes, cantar e entoar cânticos são maneiras de nos comunicarmos, para realizarmos uma troca com o mundo. E a voz é uma coisa que não usamos mais."

JILL PURCE, 1995

Fazendo o corpo soar

No ano passado, numa conferência para a qual fui convidada, Bri Maya Tiwari contou a história de sua incrível recuperação de um câncer no ovário. Uma mulher marcante, que atuava no mundo da moda em Nova York, teve a doença diagnosticada aos vinte e poucos anos. Depois de várias cirurgias e de sessões de radioterapia, os médicos lhe disseram que o câncer ainda estava atuante e lhe deram apenas dois meses de vida. Bri Maya retirou-se sozinha para as montanhas para morrer "com dignidade". Ela nos contou que se mudou para uma pequena cabana e passava os dias meditando, comendo segundo os princípios *ayurvédicos*, descansando, sintonizada com os ciclos naturais do ambiente e entoando cânticos. Ela atribui sua extraordinária sobrevida, em parte, aos cânticos. Ao terminar a palestra, ela se levantou, radiosa, avançou para a frente do palco, e décadas depois de ter sido diagnosticada como doente terminal, entoou um soberbo e saudável "Ooouuuummmm".

Não sugiro que ninguém se prive de tratamentos da medicina alopática, mas recomendo enfaticamente que reconheçamos e ajamos segundo o que, no fundo do coração e por nossa própria experiência, sabemos ser verdadeiro: vocalizar é bom para nossa saúde física, mental e espiritual.

O som é criado por ondas que criam vibrações que ouvimos quando ressoam em nossos tímpanos. Mas os tímpanos não são as únicas partes do corpo atingidas. Os ossos ressoam com vibrações de som, assim como os órgãos, o cérebro e até a pele. Por isso, é difícil ficarmos parados quando uma música com uma batida animada está tocando. Ao menos arrastamos os pés ou balançamos um dedo, porque a música, literalmente, nos sacode. Recebemos vibrações dos sons que ouvimos e dos sons de nossas próprias vozes.

Escolas de medicina, especialmente no Oriente, descobriram que o som pode ser utilizado como tratamento. De acordo com a medicina ayurvédica, ao ressoar nos órgãos e ossos, a voz pode ser usada para desfazer bloqueios no curso da energia em nossos corpos, criando condições para que os próprios recursos do corpo possam atuar.

A prática

Deite-se de costas ou sente-se confortavelmente em uma cadeira ou recoste-se num travesseiro. Ponha as palmas das mãos no abdômen, abaixo da cintura, e respire fundo até que a barriga se eleve com a inspiração e se abaixe com a expiração. Quando sentir que a respiração está centrada na barriga, comece a fazer um "ahhhhhh" com um tom delicado de voz. Sinta a barriga vibrar com o som que você está fazendo. Experimente baixar o tom da voz, já que um tom mais profundo ressoa mais facilmente na barriga do que um tom mais alto. Imagine os intestinos e os órgãos reprodutores vibrando com o som.

Ponha as mãos sobre as costelas e sinta a respiração expandir a cavidade das costelas. Faça um "ahhhhhh" e imagine os ossos, o fígado, os rins, o baço, a vesícula biliar e o estômago vibrando com o som.

Ponha as palmas das mãos sobre o peito. Sinta a respiração encher os pulmões até as pontas dos ombros. Comece a emitir sons, sentindo o peito vibrar sob suas mãos. Imagine os pulmões e o coração vibrando.

Ponha as palmas das mãos sobre os olhos. Sinta a respiração entrando pelas narinas e imagine o ar enchendo a sua cabeça. Envie o som para as cavidades do crânio: as cavidades do nariz, dos olhos e da boca. Imagine o som vibrando em seu cérebro e nas linhas de junção do crânio. Você pode experimentar um "iiiiiiiii" e trabalhar num tom mais alto.

Quando terminar, descanse por um momento e sinta os efeitos do som. Muitas vezes você irá perceber nitidamente uma sensação de relaxamento e amplitude no corpo.

Leve alguns minutos fazendo este exercício, ficando trinta segundos em cada parte do corpo. Se quiser, pode realizar a prática em dez minutos. Se não está bem de saúde ou tem uma dor crônica, leve mais tempo, movimentando-se devagar e com cuidado, concentrando-se nas partes mais afetadas.

Escutando

A primeira vez que meditei apenas escutando ruídos foi durante um seminário com a compositora Pauline Oliveros. Na primeira manhã do seminário, Pauline nos mandou fechar os olhos e escutar – apenas escutar. Inicialmente, percebi os sons mais evidentes: o ruído de um carro, a tosse de um colega. Então, aos poucos, comecei a ouvir sons que normalmente não perceberia: o zumbido das lâmpadas fluorescentes, o tiquetaque de um relógio. À medida que o tempo passava, minha audição foi se tornando mais aprimorada e passei a escutar os sons de meu próprio corpo: respirando, engolindo, ressoando. O barulho do ar-condicionado e o zumbido de um avião produziam tons diferentes que, juntos, criavam uma harmonia.

O que Pauline estava nos ensinando – não através de uma explicação, mas da experiência – era que o som está sempre presente e que ficamos impregnados dele, mesmo sem perceber. Ouvindo com atenção, notamos a gama e a variedade, a textura e a musicalidade, a complexidade e a inter-relação dos sons que são um elemento essencial e constante em nossas vidas. Para compor bem, Pauline nos ensinou, devemos ser capazes de ouvir bem. Mas ouvir bem não é apenas para compositores – é para qualquer pessoa interessada numa vida repleta de sensações.

Anos depois, na Índia, tive outra inesquecível experiência com sons. Ia me encontrar com H. W. L. Poonja, conhecido e sábio mestre a quem se atribuíam grandes poderes de transmissão. Eu não acreditava em gurus, mas os relatos de muitos amigos que tinham retornado de suas visitas deslumbrados com o bem-estar adquirido me deixaram intrigada. Resolvi aproveitar e estender minha viagem de caminhadas no Nepal e visitar a casa de Poonja em Lucknow.

Não vou descrever em detalhes as aventuras estressantes que acabaram me levando para um vagão de terceira classe, onde procurei me acomodar num beliche rasgado e sem lençol. Peguei um xale fino e, abraçada à minha mala para protegê-la de roubos no meio da noite, me enrosquei na cama estreita.

Assim que o trem saiu da estação fazendo barulho, um vento gelado entrou pelas janelas que se recusavam a fechar e atravessou meus ossos. Os homens à minha volta roncavam e tossiam, cuspiam e ofegavam. Tremendo, me enrolei mais ainda no xale e tentei dormir sem nenhum sucesso, pois as fantasias mais tenebrosas e ameaçadoras me invadiam a mente. A noite foi um verdadeiro pesadelo.

Mas, com o dia amanhecendo, de repente me vi envolvida por um campo de música. O barulho das rodas modulava num doce sussurro, e em cada estação o cantar dos vendedores de comida, o soar alto de rodas freando, o silvo alongado do apito do trem formavam uma melodia harmoniosa e original que reduziu meu desconforto físico. Finalmente, embalada por uma cantiga de vendedores de *chai*, adormeci.

Ao despertar, me dei conta da extraordinária mudança na minha percepção da realidade. O ambiente que me rodeava, antes cheio de ameaças físicas, tornara-se sublime. Naquele momento descobri que quando ficamos em silêncio e procuramos escutar, o universo oferece seu conjunto de maravilhas que até então considerávamos como eventos puramente rotineiros.

A prática

Feche os olhos e concentre-se no ato de escutar. Preste atenção aos sons mais óbvios e depois passe para os mais sutis. Perceba como surgem e vão embora, a cada momento. Perceba os sons próximos e os distantes. Evite dar nome às fontes – vento, latido, computador – e ouça o som com muita atenção. Se a mente vagar, concentre-se novamente na escuta.

Ouça por dez minutos, por cinco ou até apenas por um. O importante é que o ato de escutar pode ser realizado em qualquer lugar, a qualquer hora, por muito ou pouco tempo. Tenha o privilégio de dedicar um momento a fazer isso.

Um dia, acompanhei ao hospital uma amiga que ia fazer uma cirurgia. Enquanto ela era operada, fiquei esperando no saguão, angustiada e tensa. De repente me dei conta de que os sons de um hospital eram muito específicos, e que eu nunca prestara atenção neles. Procurei relaxar, fechei os olhos e me entreguei à escuta. Aos poucos, a variedade de sons mais altos e mais sutis formou uma sinfonia que me acalmou extraordinariamente. Quando o médico veio anunciar que a cirurgia correra bem, já me encontrou num estado de profunda tranqüilidade.

Todas as manhãs tomo uma ducha. A água que cai sobre minha pele é morna e reconfortante. Se cantasse nua e sozinha, minha voz ressoaria agradavelmente nas paredes do banheiro; mas, em vez de cantar, penso que tenho de parar no caixa automático. Se entoasse uma canção favorita a ruga que tenho entre as sobrancelhas se suavizaria. Mas, em vez de cantar, me prometo ir à ginástica à tarde, mas aí lembro que não levei o cachorro à rua ontem. Se cantasse, me sentiria mais leve, mas, em vez disso, jogo correndo uma toalha sobre a pele molhada, pensando se meu *jeans* favorito está limpo ou amarfanhado na cesta de roupa suja, e então o telefone toca e corro, seminua, para atender.

A necessidade de cantar faz parte da natureza humana, mas foi e é contida tantas vezes – quando a substituímos pelo aparelho de som, pelo rádio do carro, pelo *walkie-talkie* – que acabamos nos condicionando a ignorá-la. Como um grupo de músculos que é subutilizado e por isso atrofia, nossas vozes não exercitadas perderam a força, a flexibilidade e a extensão. Convencidos, então, de que não podemos cantar bem, não cantamos absolutamente nada; e, por não cantar, não desenvolvemos a capacidade de cantar. Eis o círculo vicioso formado!

Tudo de que precisamos para recuperar a aptidão para o canto é usar toda a extensão de nossas vozes. Mesmo as pessoas nascidas com o dom de uma voz límpida e tom perfeito praticam vocalização para cultivar o timbre, a afinação e a clareza. A prática da vocalização é divertida e os resultados são imediatos – em poucos minutos a voz se abre e, quando voltamos a falar, notamos o tom mais suave, o que nos deixa confiantes na qualidade da nossa produção de som, fazendo-nos sentir mais à vontade para conversar e cantar. Mas muitas pessoas se intimidam até com simples explorações vocais.

Nesta semana, fiz meus alunos pegarem uma simples frase num texto e repetirem os sons das consoantes e das vogais de cada palavra. É um exercício fascinante porque dá a oportunidade de se explorar as possibilidades vocais e emocionais de um texto. No entanto, uma de minhas melhores alunas sentou-se a meu lado num estado de crescente ansiedade, à medida que percebia o resfolegar, o zumbido, os ooohhh, ssshhh, os ta-ta-ta e os da-da-da dos colegas. Quando chegou sua vez, Janet recusou-se a sair da cadeira.

– Não vou fazer isso – disse.

– Vamos – encorajei. – Tente, brinque, veja o que sai da sua boca. Não há certo ou errado.

– Não consigo – insistiu. – Por favor, não me obrigue.

Mas eu a obriguei a fazer o exercício, e, relutante, Janet se levantou e foi até a frente da sala.

Ela foi brilhante – a voz forte, a expressão autêntica – mas, assim que terminou, voltou correndo para o seu lugar.

– Detesto esse exercício – confessou. – Realmente detesto! – O suor despontava em seu rosto e ela afundou na cadeira e fechou os olhos.

– Vamos voltar ao passado – sugeri. – Diga o que lhe vier à cabeça, espontaneamente.

Mais uma vez ela se recusou e, mais uma vez, delicadamente insisti. De novo ela foi, relutante, até a frente da sala. Imediatamente uma imagem surgiu em sua mente.

– Estou na quarta série – disse ela – em um auditório cheio de alunos da escola toda, e estou num palco, num coro, e cantando *Deus salve a América*. A professora está sentada ao piano, tem cabelos brancos e usa um conjunto azul abotoado até o pescoço. De repente, ela pára de tocar, se inclina e grita: "Alguém está cantando fora do tom!" Chama quatro de nós do coro e faz cada um cantar separadamente. Não é o menino que usa óculos de lentes grossas nem a menina de rabo-de-cavalo. Então chega a minha vez e parece que vou fazer xixi nas calças, meus joelhos estão tremendo, e assim que começo a cantar uma parte da música, a sra. Stratford se inclina em minha direção, apontando o dedo e gritando: "É você!!! É você!!!" Ela me faz atravessar a sala até a orquestra, e um menino me entrega um triângulo. Estou aturdida e fico ali batendo o triângulo – um, dois, três, um, dois, três – e o menino se inclina e diz que estou fazendo errado. Não consigo nem tocar direito o maldito triângulo. E fico ali, olhando aquele mar de rostos na platéia, e eles todos me olhando de volta, fixamente.

Desde essa época, há quarenta anos, Janet se recusou a cantar qualquer coisa, até mesmo *Parabéns pra você* para a melhor amiga.

Mesmo que uma humilhação pública ou um medo pessoal nos bloqueie, todos podemos recuperar a capacidade de produzir uma gama inteira de sons e melodias que expressam nossos sentimentos e a multidão de personagens que vivem em nossa psique. Quando recuperamos a capacidade de nos sentir à vontade com nossas vozes e as usamos de maneira totalmente expressiva, também recuperamos nossa vitalidade e dimensão lúdica. Nosso humor melhora porque a expressão vocal traz alívio psicológico e por causa dos efeitos da ressonância vocal – calmantes e curativos – sobre o corpo.

Cantar e emitir sons provocam sentimentos de alegria e otimismo. Cultivar a arte da felicidade é uma das tarefas mais essenciais da vida. Cantar é um instrumento precioso para cultivar a felicidade que cada um de nós pode usar em qualquer momento do dia.

Improvise

Pensar como uma montanha
E cantar como um rio.

MARY DE LA VALETTE

Recentemente, numa festa, um conhecido cantor de jazz sentou-se perto de mim e se apresentou, embora isso não fosse necessário. Começamos a conversar normalmente – embora celebridades deixem minha boca seca – mas, de repente, depois de cada frase ele acrescentava um improviso musical.

– Moro numa casa grande no lago e adoro invernos com neve – disse ele, e então cantou: "*Di dum, da da, uá, uá, uá.*"

– Detesto frio – eu disse, me sentindo muito envergonhada para fazer um improviso – afinal de contas, ele era um cantor de verdade.

– A neve cintila, *shu ba, shu ba, di dum* – cantou.

Mais tarde, sozinha no carro, soltei um *ba ba bum, di di uá* e me diverti muito.

Pode parecer maluco o que vou sugerir, mas tenho certeza de que a maior parte de nossas conversas ficaria muito mais divertida se lhe acrescentássemos um pouco de improviso musical. Já pensaram como um desses coquetéis chatíssimos em que as pessoas ficam de pé trocando abobrinhas ficaria mais interessante se muitos tivessem a coragem de cantarolar ao final das frases? Certamente as pessoas se soltariam muito mais. Tudo bem, talvez num coquetel não seja possível, mas certamente valeria a pena fazermos improvisos quando estamos sozinhos. Ponha a censura de lado e experimente. Você vai adorar. Quando nos permitimos entrar no território dos sons, sem usar palavras, sentimos prazer e ficamos surpresos com o que surge de nossas bocas. As crianças e os cantores de jazz conhecem esse simples prazer de balbuciar cantando num ritmo. *Ba da bum, uá, uaaaaaá.*

Usando nossos lábios e línguas para formar uma variedade de sons, soltamos a tensão habitual dos músculos da face, que normalmente não percebemos, e este relaxamento melhora a qualidade de nossa fala. Quando os músculos que produzem o som vocal ficam relaxados, a voz ressoa com tranqüilidade e nossas vozes se tornam mais confiáveis, flexíveis e abertas.

A prática

Quando começamos a improvisar com sons, podemos achar que nosso vocabulário é muito pobre. Acabamos nos limitando a *da-da-da* ou *na-na-na*. Vou ensinar um exercício usado por vocalistas de jazz para treinar a voz e chegar ao máximo de sons possível.

Comece com o ditongo "ei". Acrescente consoantes ao ditongo: bei, nei, rei, frei, blei. Vá depressa. Vá devagar. Brinque.

Agora passe à vogal "i". Acrescente consoantes: bi, ri, gi, pli, si, ni, li. Junte letras que normalmente não se juntam: shni, bldi.

Continue fazendo sons como "ai" e "ou".

Agora junte sons de uma sílaba para fazer frases. *Shu ba di uá ba ba zum*. Trabalhe com variedade, melodia e ritmo. Se achar um padrão que lhe agrade, repita-o algumas vezes antes de passar para o próximo. Solte-se, mexa o corpo sem esforço ou interferência mental. O ritmo e a melodia vão fluir e as sílabas vão aparecer e se organizar, *shu du bi du*.

Deixe que aquilo que está sentindo penetre os sons: tristeza, felicidade, cansaço, depressão, ansiedade, animação, nervosismo.

Quando estiver num engarrafamento de trânsito, em vez de ligar o rádio do carro, emita, cantando, uma fileira de sílabas. Quando fizer uma caminhada, use o ritmo das passadas para apoiar uma improvisação vocal. Improvise enquanto passa o aspirador de pó, improvise enquanto se apronta para um encontro de negócios. Improvise, ao colocar as crianças para dormir.

Improvise no escritório, quando estiver numa situação estressante que bloqueie seu trabalho. Quando tiver um problema grave para resolver, em vez de concentrar-se imediatamente em busca da solução, procure fazer uma pausa e cantarolar um improviso. Freqüentemente conseguimos resolver nossos problemas quando damos um descanso às nossas mentes e nossos corações, relaxando. E fazer um improviso nos relaxa.

Como sempre vai haver uma resistência inicial. Mas vença-a e vá experimentando, mesmo que seja por um momento. Cada momento em que cantamos nos encoraja para o próximo. Cada momento em que cantamos é um momento de alegria na vida.

Um momento de melodia

Numa tarde em que estava em Lucknow, na Índia, aluguei uma bicicleta e rumei para a floresta nos limites da cidade. Esgueirei-me no meio de uma cacofonia de buzinas, tráfego caótico, ar poluído, uma algazarra impressionante.

Pedalando, fui em direção de ruelas onde havia barracos muito simples e sombra proporcionada por árvores de grandes folhas, sentindo-me aliviada por me afastar da confusão. O silêncio não era o único elemento de calma. Passando pelos casebres das pessoas mais pobres da cidade, fui acompanhada por cantos. Conseguia ouvir apenas uma frase ou duas, já que pedalava, mas logo depois uma outra melodia na estrada chamava minha atenção.

Na Índia, as pessoas cantam. As mulheres cantam enquanto lavam roupas no rio, varrem o chão ou cozinham. Os condutores de riquixás cantam à noite, ao redor de fogueiras feitas de estrume nos terrenos baldios onde constroem suas tendas. Os homens cantam quando seguem para o trabalho de manhã. Os fiéis cantam nos templos onde se reúnem para preces diárias e rituais religiosos.

Inspirada pelas canções transportadas pelo ar, também tive vontade de cantar. Estudara canto e teoria musical, escrevera e gravara canções. Mesmo assim, o medo me paralisou. Não queria chamar atenção sobre mim, mas sabia que isso era uma desculpa. Não tinha vontade de cantar nenhuma das canções que conhecia. Era outra desculpa. Não me sentia inspirada para inventar uma melodia. Esta era a terceira desculpa. Estava pedalando por uma região que parecia ser perigosa, e se cantasse alguém poderia me atacar. Quarta desculpa. Eu tinha um rosário de desculpas para não cantar – boas razões, razões importantes, desculpas razoáveis, convincentes, profundas. Mas, finalmente, ri alto da ladainha de justificativas que minha mente inventara para me impedir de ser uma pessoa que cantava, exatamente como todos os seres humanos através da história da nossa espécie tinham cantado. Então, eu cantei.

A dificuldade de recuperar nossas vozes não está no fato de que cantar seja difícil. O que é difícil é nos permitirmos fazer o que desejamos.

A prática

Cante. Durante uma semana, cante todos os dias. Cante uma canção da sua infância, que sua mãe cantava para você. Uma canção da sua adolescência cuja letra você ainda sabe de cor. Cante uma vez suave e docemente, como se a voz flutuasse numa nuvem ou no ar. Depois cante em voz alta, tão alta que os vizinhos possam ouvir. Coloque o máximo de emoção na sua forma de cantar, expressando alegria ou tristeza, entusiasmo ou desalento. Cante a música que lhe vier à cabeça. Acompanhe o ritmo da canção batendo o pé no chão ou a mão na perna, ou batucando com o garfo e a faca na mesa.

Cantar tem um efeito profundo na nossa maneira de sentir. Se estiver com raiva, cante. Se estiver animado, cante. Se estiver com ciúmes, cante. Se se sentir extasiado, cante. Se estiver se sentindo triste, cante. Expressar qualquer emoção através do canto é um alívio, e no meio de uma canção triste você pode se sentir bastante contente. Ou talvez não saiba como está se sentindo até a canção revelar você a você mesmo.

Lembre: a resistência faz parte do jogo e nunca desaparece inteiramente. Vencer a resistência faz parte do processo de libertação. Não importa o que nos disseram quando éramos crianças – que cantávamos fora do tom ou que não tínhamos voz; agora, como adultos, podemos cantar do jeito que quisermos, na hora que escolhermos.

Lembre as palavras, esqueça as palavras

Uma das desculpas que encontramos para não cantar é o fato de não nos lembrarmos das letras das canções. Você pode fazer um improviso usando um vocabulário não-verbal, mas se fizer questão de cantar as palavras, há algumas formas de aprender as letras das músicas. Assim, vá em frente – compre um *songbook*, ouça a canção que escolher no seu som inúmeras vezes, repetindo as palavras, pratique no carro, enquanto faz cooper, quando estiver arrumando os armários.

Geralmente somos atraídos por uma canção que expressa um sentimento que temos no momento, ou sentimos no passado. Quando cantamos, nossos sentimentos se expressam, se soltam do coração maltratado e são lançados na energia do universo. Nós nos sentimos melhor.

Cante sua paixão, cante para acalmar ou fazer rir um filho doente, irritado ou com dor. Cante quando estiver trabalhando com amigos ou colegas, envelopando cartas, fazendo embrulhos, organizando livros. Os outros vão acompanhar e tudo será feito com muito mais alegria e companheirismo.

Mesmo que sinta preguiça demais para aprender a letra de uma canção, você pode cantar. Invente a letra deixando os clichês mais sem pé nem cabeça saírem de sua boca sem censura. Vai ver como é divertido. Quer uma sugestão? Cante contando o que você está fazendo agora:

Estou sentada na cadeira de balanço
Que foi da minha avó
O dia está frio e chuvoso,
Um dia bem gostoso para ficar em casa lendo.
Ouço os carros passando na rua
E a música que vem do rádio do vizinho...

Eu faço isso muitas vezes e me divirto bastante. Sinto nitidamente que fico mais feliz e mais leve depois que invento essas letras e muitas vezes, a música. É uma alegria pequena, simples, mas que se soma a outras que vou criando e contribui para a minha qualidade de vida.

Comece onde você está. No carro, na praia, no escritório, na sala ou no quarto. Preste atenção nos objetos ao seu redor, nos sons, na cor do céu, na temperatura. Inventar letras usando a experiência do momento nos faz tomar mais consciência do que vemos e sentimos.

Vou repetir as regras: não procure um sentido, seja o mais espontâneo possível, não julgue, e cante o tempo todo.

A linguagem do amor

Minha mãe morreu de câncer quando eu tinha 23 anos. Até poucos dias antes de morrer, ela vivia sozinha em casa, sem aceitar a ajuda de uma enfermeira. Quando a doença piorou, ficava com ela todos os fins de semana. Ajudava-a a se levantar e a deitar, auxiliava-a na hora de ir ao banheiro, e depois, quando estava no quarto e não podia me ver, limpava a trilha molhada que ela deixara pelo chão.

Numa manhã de sábado, quando cheguei, ela estava quase inconsciente, e desesperada de dor. Não tive outra alternativa senão chamar uma ambulância e levá-la para o hospital, onde os médicos se ocuparam dela. Ficou logo muito claro que minha mãe estava morrendo.

Fiquei sem saber o que fazer. Andava de um lado para o outro sem ser capaz de tomar conta de minha mãe ou de mim mesma. Minha avó ficou todo o tempo sentada numa cadeira no canto do quarto, entoando preces em voz baixa, até que minha mãe deu o último suspiro. Enquanto levava minha avó para casa, nós duas chorávamos. Chegando em casa, ela foi imediatamente para a cozinha, onde preparou meu prato favorito. Rezou mais um pouco acariciando minhas mãos, as lágrimas rolando por seu rosto vincado. No ano passado, fiquei no hospital com minha amiga Elaine, que lutava contra um câncer no seio havia vinte anos. As sessões de quimioterapia tinham maltratado seu corpo e ela delirava por causa dos remédios. Fiquei ao seu lado por horas enquanto ela delirava e falava com visitantes invisíveis. De repente, seguindo um impulso muito forte, comecei a cantar, entoando rezas judaicas que aprendera com minha avó. Eu tinha aprendido que, mesmo que o doente esteja aparentemente inconsciente, ele pode ser atingido pelas canções porque elas falam diretamente ao coração. Minha amiga adorava cantar e achei que, se ela escapasse de seu encontro com a morte, acordaria com uma canção nos lábios. Dias depois de ser liberada do hospital, Elaine estava sentada em sua cama, em casa, cantando canções de amor.

Quando eu era criança, meu pai entrava no meu quarto na hora de dormir, sentava à beira da cama e cantava. Eu sentia que ele me amava do fundo do coração porque era isso que ele me transmitia com sua canção. Mais tarde, quando se casou novamente e teve outros filhos, passei a vê-lo apenas aos domingos. Mas para sempre estava gravada em todo o meu ser a forma como se debruçava na beira da minha cama à noite e cantava para mim. O som de sua voz cheia de afeto ecoou sempre aos meus ouvidos, reafirmando seu amor.

Ter coragem de cantar não é diferente de ter coragem de amar – amarmos a nós mesmos e aos outros. Canto para meu cachorro e meu gato. Canto para os filhos de amigos. Canto para as partes do meu corpo, para as árvores, para as florestas distantes, para os animais selvagens e os espíritos.

A maioria de nós canta e fala com voz infantil para os bebês porque esta é a língua que entendem e com eles não temos medo de parecer bobos. Como é bom termos crianças com quem podemos nos sentir livres! Como será bom quando pudermos nos sentir livres uns com os outros – e com nós mesmos –, livres para cantar, gemer, entoar cânticos e balbuciar. Livres para amar.

Quatro

Tornar visível

Criando imagens

"Você está perdido no momento em que sabe qual será o resultado."

JUAN GRIS

Desenhando no escuro

Minha mãe, uma entusiasta da educação superior para mulheres, colocou-me no jardim-de-infância aos quatro anos. Mesmo com o sol da Califórnia brilhando no céu de novembro, a professora nos pediu que fizéssemos um boneco de neve. Ela nos deu folhas de papel branco que tínhamos de cortar em três círculos de tamanhos decrescentes e colar. Minhas tentativas de cortar papéis em círculos foram infrutíferas. Por mais que eu me esforçasse, meus círculos eram ovais ou pareciam gotas. Também não conseguia fazê-los em três tamanhos decrescentes. Meu boneco de neve ficou todo desproporcional, e eu me senti um fracasso, igual a ele. Uma pilha de papel se formou ao lado de minha carteira, e a humilhação só cresceu ao olhar para os lados e ver os bonecos perfeitos dos meus colegas.

Fiquei no meu lugar com a cabeça baixa, encolhida, enquanto a professora percorria a sala examinando os trabalhos dos alunos. Elogiou várias obras-primas, e aí chegou à minha carteira. Veloz como uma águia, pegou minha tentativa de boneco de neve e levantou-o para que a turma o visse, dizendo num tom de zombaria: "O que é que vocês acham que é isso?" A turma ofereceu várias interpretações, acompanhando o desprezo da professora com seus risos.

Tive de fazer o maior esforço para segurar as lágrimas, enquanto a professora colocava sobre a carteira minha atrocidade e continuava a caminhar entre os alunos. Na volta para casa, rasguei meu boneco de neve em tiras e coloquei na lata de lixo do vizinho.

Muitos de nós ficamos marcados por experiências humilhantes nas tentativas de fazer arte e, como resultado, acabamos bloqueando qualquer movimento nesse sentido. Que desperdício absurdo! Mesmo que nossos desenhos sejam considerados feios, o simples ato de fazer arte será bom para nós.

Em 1946, o pintor inglês Edward Adamson abriu um estúdio de arte no Netherne Hospital, instituição para doentes mentais localizada no interior da Inglaterra. Naquela época, esse tipo de hospital era como uma fortaleza, sempre em regiões afastadas, cercado de grades de ferro, e o tratamento se resumia a drogas, eletrochoque e cirurgias mutiladoras do cérebro. Adamson, convicto de que o processo de pintar criava um diálogo direto com a psique, fornecia materiais e apoiava os pacientes na realização de trabalhos de arte. Não se preocupava em analisar psicologicamente as pinturas e esculturas. Confiava apenas nas próprias imagens para restabelecer o equilíbrio mental.

Em seu livro *Art as Healing* (Arte como cura), ele escreve: "A solução para os problemas deve ser encontrada onde eles se originaram, ou seja, no íntimo. É lá que se encontra a fonte da mudança real. A arte nos obriga a nos comunicar com nosso eu interior e assim manter um diálogo com nossas forças destrutivas e criativas. Os poderes destrutivos causaram o problema, de modo que os sintomas da doença são apenas a manifestação de uma luta interna não resolvida. Esta luta é desfeita mais eficazmente pelos poderes criativos da arte curativa do que eliminada pelo bisturi do cirurgião, ou permanentemente encoberta por tranqüilizantes."

Os resultados da experiência de Adamson foram notáveis – não apenas os pacientes criaram peças dignas de figurar numa galeria de arte, como experimentaram profunda transformação psicológica. Os visitantes freqüentemente perguntavam a Adamson se ele auxiliava os pacientes de Netherne na criação de seus trabalhos de arte. Ele respondia que não, que esta ajuda não era necessária: "As pinturas são tão construtivas porque expressam a poderosa energia criativa que todos possuímos mas nem sempre externamos."

Adamson destaca que a maioria das pessoas, quer reconheçam ou não, gosta de fazer arte, porque ela nos faz entrar em contato com nosso eu interior. O eu interior não está de forma alguma interessado no nível de nosso talento, mas apenas em nosso empenho para nos expressarmos. É o ego quem nos controla e bloqueia, preocupando-se com o nível de nossa habilidade como um pai superprotetor que não deixa que o filho faça alguma coisa que considera perigosa: *Estou protegendo você de grande humilhação. Acredite. Vamos encarar a realidade. Você não é um artista e não tem um pingo de talento. Nem pense em pegar num pincel.*

Os argumentos parecem convincentes, mas são falsos. Como "nadar ou fazer amor, a arte é um comportamento potencialmente disponível para todos, porque todos os seres humanos têm predisposição para fazê-lo", insiste Adamson. Ellen Dissanayake, em seu livro *Homo Aestheticus,* apresenta outro forte argumento para o valor da realização de arte: "(...) a arte pode ser considerada uma necessidade biológica que estamos predispostos a satisfazer, cuja realização dá satisfação e prazer, e cuja negação pode ser considerada uma privação vital."

Para desenhar com facilidade, temos de encontrar um modo de enganar as estratégias da mente repressora. Adamson observou que a doença mental "pode livrar algumas pessoas de sua inibição em relação à pintura". Felizmente, não há necessidade de uma doença mental para diminuir a autoridade da censura interna. Uma das formas de diminuí-la é desenhar com os olhos fechados.

Desenhar com os olhos fechados nos permite criar imagens sem nos sentirmos responsáveis pelo resultado, embora sejam a expressão vital de nossa mente e de nosso sentimento. Há um desejo primitivo em todos nós para realizar arte, e nos sentimos melhor quando a realizamos. O ser humano tem feito arte desde que o mundo é mundo, e a atividade artística, segundo alguns biólogos, está codificada em nossa estrutura genética, sendo essencial à nossa saúde psicológica e física.

A prática

Pegue uma folha de papel. Qualquer um serve, mas o ideal é que seja grande, uns 25cm x 50cm, ou maior. Providencie lápis de cor, de cera, canetas coloridas, carvão. Mas pode pegar também qualquer papel que esteja à mão (um guardanapo, um recibo, o verso de um envelope) e uma caneta, um batom, um fósforo queimado. Sente-se à mesa de trabalho, ou na da cozinha, no chão, num balcão de restaurante, num banco do ponto de ônibus, na sala de espera do aeroporto, com seu papel e seu material.

Feche os olhos. Sinta com as mãos a superfície do papel e seus limites. Desenhe com os olhos fechados, deixando a mão se mover livremente sobre o papel, obedecendo aos sentimentos e ao imaginário interior. Se você passou parte da noite numa aventura amorosa, permita que as deliciosas sensações experimentadas pelo seu corpo movam sua mão. Talvez você esteja há horas na sala de espera de um aeroporto apinhada de gente. Deixe que os sentimentos de irritação, desapontamento, exaustão sejam a energia que move sua mão. Você não precisa *saber* como se sente ou dar nome às suas emoções – ansiedade, prazer, apreensão – mas apenas deixar sua disposição atual dirigir o movimento da mão, desviando-se do intelecto. Em vez de tentar desenhar seu sentimento, deixe o sentimento desenhar.

Trabalhe até considerar o desenho concluído. Respire fundo e então abra os olhos e veja o que criou. Olhe sem emitir julgamento. Nada de *Ai, que horrível. Detestei meu desenho. Eu sou péssima. Odeio esse livro imbecil que me deu essa idéia.* Assimile a imagem, as formas, as cores. A arte irá surpreender você de alguma maneira. Acolha esta surpresa.

Retrato diário

Durante nove meses, fui artista-residente num centro de arte na Califórnia que funcionava num prédio ao fim de uma longa estrada em meio ao Parque Nacional. Meu estúdio, uma sala grande com piso de madeira, pé-direito alto, colunas brancas e uma série de janelas dava para o estuário. O único telefone por perto era um telefone público num corredor do prédio seguinte. Assim, a não ser pela presença de outros artistas (todos advertidos a não atrapalhar a privacidade duramente conseguida) e por um ou outro turista ocasional, eu estava afastada da bem-vinda distração que as pessoas provocam. Ficava horas sozinha no estúdio.

Estava preparando uma apresentação que estrearia em poucos meses, mas ainda não tinha um tema, uma diretriz, um plano. Tinha apenas um bloco de rascunho e um conjunto de canetas coloridas, dessas que se compram para crianças, que pretendia usar para fazer gráficos sobre minha exibição, ilustrando a forma como os elementos narrativos se entrelaçariam e como a dinâmica funcionaria.

Um dia, depois de dançar, fazer exercícios de vocalização e refletir por uma ou duas horas, e ainda sem saber que direção tomar, sentei no chão, puxei o bloco e comecei a desenhar. Usando o talento de que disponho e deixando de lado o que não tenho, dediquei-me a deixar fluir o que aparecesse. Fiquei presa ao prazer que sessenta canetas hidrográficas podem proporcionar, sem colocar nenhum nível de exigência, disposta a jogar fora o que produzisse, sem maior problema. Livre da pressão de ter de fazer alguma coisa especial, desenhei imagens sem me importar com o mérito do que fazia. Desenhar era divertido. E mesmo rodeada de autênticos pintores que faziam obras para galerias da cidade e exposições internacionais, mesmo tendo de preparar minha apresentação, não conseguia parar, e continuei desenhando.

Cada dia eu fazia um auto-retrato. Alguns dias levava apenas alguns minutos na tarefa, em outros ficava cuidando de detalhes, caprichando na cor e no desenho. Estava me divertindo, embora alguns desenhos não fossem nada bonitos. Já que não tinha a menor intenção de me tornar artista plástica (para ser totalmente honesta, talvez tivesse desejos secretos que me recusava a admitir), podia constatar minha falta de talento e mesmo assim ser feliz desenhando. Quanto mais desenhava, mais envolvida ficava com imagens, cores e texturas, e com a maneira como os sentimentos internos se materializavam na forma. Comecei a ver minha vida como um desenho animado, a história de uma mulher, dia a dia. Nossas vidas podem ser difíceis, mas geralmente dão boa matéria-prima para a criação artística.

Uma mulher chorando gotas de lágrimas carmim está de sapatos azuis e deitada no alto de uma montanha.
Uma mulher com rabiscos, espirais e garatujas na cabeça está nadando entre as ondas.
Uma mulher dorme na chuva, nua, e seus ossos podem ser vistos através do corpo.

Embora desenhar auto-retratos possa ter efeito terapêutico, a intenção não é dar sentido às imagens, mas simplesmente fazer o subconsciente ter livre acesso a manifestações, sem precisar avaliar ou julgar a qualidade do trabalho. Se entendemos ou não o sentido das imagens que criamos, é irrelevante. O que interessa é fazer arte sem necessidade de resultados, fazer arte pela própria arte.

Se você desenhar uma linha e achar que ela está solta demais e precisa de um complemento, acrescente o complemento. Essa necessidade de colocar algo mais não parte de um processo intelectual, mas de um *sentimento* que vem lá de dentro de nós. O valor terapêutico da realização artística reside no poder do subconsciente que tem livre controle quando os olhos rastreiam o desenho que surge, levando informação de volta ao subconsciente e estabelecendo assim o diálogo. Quanto mais conseguimos deixar fluir os impulsos do nosso interior, mais prazeroso se torna o processo e mais autêntico o resultado.

A psique tem caminhos misteriosos para nos levar ao bem-estar. Nossa tarefa é permitir que ela faça seu trabalho – seguir o convite do impulso criativo.

A prática

Reúna seu material: papel, lápis, lápis de cor, aquarelas, canetas hidrográficas, o que você quiser. Se estiver num café, use um guardanapo; se não tiver uma caneta, peça uma emprestada à garçonete.

Desenhe um auto-retrato. Talvez você queira criar um rosto ou corpo reconhecíveis: uma cabeça e um nariz, olhos e lábios, um tronco com braços e pernas. Talvez prefira criar um trabalho abstrato, deixando que linhas, cores e formas sejam a expressão do momento. Siga seu impulso de acrescentar detalhes e cores para que o trabalho seja o mais revelador possível.

Continue enquanto sentir vontade. Quando não tiver certeza de como ir em frente, pare. Se fizer uma pausa, talvez surja um outro elemento de desenho. Mas não force nada, e procure de fato não racionalizar.

Quando terminar, pare um instante para olhar o resultado sem fazer qualquer julgamento. A sua psique experimentará um momento de satisfação por ter se expressado concretamente.

Pendure seu desenho na parede ou coloque-o num álbum para poder voltar a vê-lo. Mesmo que não goste de sua obra, guarde-a e dê uma olhada nela depois de alguns dias ou semanas, com um novo olhar. Repita o procedimento de tempos em tempos e perceba a evolução da linguagem expressa pelas imagens.

Quando nossas emoções e experiências permanecem escondidas, a tendência é sentirmos um mal-estar sob forma de ansiedade latente que dificilmente percebemos, ou de algo mais visível, como um tique físico, uma perturbação alimentar ou uma depressão. Quando nos expressamos através de imagens, o mal-estar freqüentemente se dissolve e, com isso, nos sentimos mais à vontade, mais relaxados, mais felizes. E não são apenas a ansiedade, o medo, o nosso desapontamento ou a nossa raiva que pedem para se expressar. Também precisamos expressar nosso contentamento. Podemos desenhar a nós mesmos dançando, fazendo amor, voando ou mergulhando. Ao dar atenção a esses momentos de alegria, cultivamos o bem-estar em nossas vidas e ficamos mais felizes.

O monge budista, Thich Nhat Hanh, conviveu com refugiados vietnamitas que passaram por duros traumas psicológicos durante a guerra. Para ajudá-los em sua recuperação psicológica, ele se ofereceu para ministrar práticas que fizessem aflorar estados de calma e felicidade. Ele explica que, antes de conseguir tocar nossas feridas, temos de estabilizar a psique através de repetidas experiências de bem-estar. Quando sabemos como atingir o âmago da paz e da tranqüilidade que existem em todos nós, podemos visitar este lugar repetidamente.

Para cultivar a felicidade, Thich Nhat Hanh ensina uma prática de meditação que envolve o sorriso. Ele a chama ioga bucal: quando a boca desenha um sorriso suave, nos sentimos melhor. Estimulava também os alunos a escrever poesia, fazer arranjos de flores e cantar juntos.

Tendo estudado com este sábio por longos períodos, compreendi que quanto mais momentos de contentamento eu tinha – mesmo pequenos e breves – mais amplas minhas experiências de contentamento se tornavam. Em vez de esperar pela felicidade, podemos desenvolvê-la, como alguém que cultiva uma flor num jardim regando-a regularmente. E fazer auto-retratos é uma das metodologias disponíveis para criarmos felicidade.

Arte em abundância

Numa tarde de verão, eu caminhava com meu amigo James por uma região campestre na Alemanha. James de repente caiu de joelhos. Pensei que tivesse se machucado.

– Cuidado – falou baixinho, apontando para uma folha onde um inseto do tamanho de um pontinho tinha parado. Tirou do bolso uma lente de aumento e a passou para mim. Fiquei deslumbrada com a maravilha da natureza: as asas azuis que refletiam o arco-íris estavam dobradas sobre as costas negras e brilhantes, uma faixa amarela tremeluzindo ao redor do pescoço, olhos vermelhos pipocando na cara pontuda.

Ficamos de joelhos por um bom tempo, examinando o inseto com a lente, até que a pequena maravilha se afastou.

– Impressionante! – disse eu, e James sorriu feliz com a alegria que me dera.

"Tudo que você precisa saber vem no momento anterior ao sono", dizia repetidamente H. W. L. Poonja durante suas palestras. Fiquei dias sem entender direito suas palavras. Numa manhã, durante o encontro com o mestre, lutei contra o sono e me senti flutuando, ouvindo a voz de Poonja num sussurro distante. Tentei ficar com os olhos abertos e prestar atenção, mas sem resultado. Meus olhos se fechavam e eu me sentia flutuando novamente.

Depois do encontro, voltei para casa pelas ruas empoeiradas entre riquixás apressados, táxis de três rodas e vacas soltas, culpando-me por não ter ouvido uma só palavra proferida pelo grande mestre. De repente, porém, percebi que tudo à minha volta parecia transformado. A cantoria do garoto do amendoim sentado na sua carroça era tocante como a canção de ninar de uma mãe. O olhar de um búfalo que carregava água era cheio de calor humano. Cada detalhe assumia uma aparência mágica e encantada, como se fossem obras de arte. As palavras do mestre tinham tocado meu subconsciente e me levado a alcançar uma paz interior de poder tão curativo que o mundo tinha se transformado ante meus olhos.

Mas, para que o mistério e a luminosidade da vida sejam revelados, devemos estar dispostos a observar o que está bem diante de nossos olhos, convidando-nos a prestar atenção no que está ao nosso alcance no agora.

Ontem, voltando do rio pela estrada, inclinei-me para observar uma flor branca num arbusto coberto de botões. Quatro pétalas, finas como papel, com pontos de cor magenta, com as bases rodeadas por um núcleo cor de açafrão feito de centenas de filamentos. Prossegui meu caminho.

Minha amiga Kathleen Harrison, professora de desenho botânico, faz seus alunos observarem uma planta por várias horas e depois lhes pede que a desenhe. Ela avalia o mérito do desenho não pela aparência artística, mas pelo fato de os alunos, durante as horas de observação, terem percebido ou não detalhes que não tinham detectado antes. A arte é uma maneira de ver.

Tudo é arte, se não tivermos pressa em olhar. Não apenas os grandes desenhos da natureza, mas tudo. O artista Paul Zaloon usa objetos encontrados ao acaso – botas de borracha, guarda-chuvas quebrados, caminhões de brinquedos – e transforma-os em objetos animados que falam e interagem em suas apresentações. Certo dia, passeando, passamos por um caixote de madeira na sarjeta de uma esquina abandonada. Sabia que ele tinha visto o mesmo que eu: arte feita de lixo. Minha percepção tinha sido influenciada pelo modo de

Paul ver as coisas, sem que ele tivesse dito uma só palavra. "O que há de melhor em ser um artista é que você vê arte em todos os lugares", diz Paul.

Na agitação de nossas vidas, mal paramos para prestar atenção à arte surpreendente que a natureza esculpiu. Mas quando alimentamos nossos sentimentos ao observar o mundo com atenção, é inevitável que a inspiração artística surja dentro de nós, de uma maneira ou de outra, abrindo-nos para o universo.

Um dos mais profundos atos de criação consiste em ver claramente a arte que existe em abundância. A percepção é um ato de criação – a arte que nos rodeia só existe quando tomamos consciência dela. O ato de criação começa com o ato de percepção – estão inextricavelmente entrelaçados.

A prática

Pare um instante agora e olhe ao seu redor. Veja os objetos do seu cotidiano com um olhar renovado. Perceba como a luz cai sobre um objeto que está bem perto. Perceba o formato de uma luminária ou o desenho de um mostrador de relógio ou a curva da asa de uma xícara. Perceba a relação desses objetos entre si. Perceba a cor. Saia, ajoelhe-se, chegue perto de alguma coisa. Examine com cuidado. Sem pressa. Fique o máximo de tempo que conseguir olhando uma flor, uma folha ou uma pedra. A percepção se aguça com o tempo. A maneira como a relva se move é arte. A maneira como a chuva cai. O formato de uma cerca. O arco formado pelo vôo de um pássaro. Vivemos num universo cheio de manifestações artísticas. Deus é um artista.

Não se preocupe em *fazer* alguma coisa a partir do que viu. Deixe que a inspiração encontre seu caminho. Estamos treinando para ver e, vendo, um grande número de atos criativos acontece. Deixe que o ato de observar seja sua forma de fazer arte.

Transitoriedade

Há dias em que digo a mim mesma: "Tudo bem, você não está de muito bom humor, então tome uma providência: faça arte." Mas eu não quero. Não tenho tempo nem um pingo de vontade de ficar em frente a uma página em branco e fazer ali alguma coisa. Então resolvo tomar uma xícara de café, apesar de ter resolvido na véspera deixar de tomar café. Mas, mesmo depois de uma xícara de café forte, ainda estou de mau humor, e maus pensamentos, provocados pela cafeína, passeiam pela minha mente. Fico pensando que minhas coxas estão flácidas, que meu carro foi reprovado na vistoria, que está na hora de fazer a dedetização. Respiro fundo, expiro com força e repito: "Tudo bem, faça arte."

Mas não, não tenho a menor vontade de fazer arte porque o que preciso fazer é ligar para a companhia de dedetização. Resolvo antes preparar um sanduíche, mesmo sem estar com fome. Como o sanduíche. O papel-toalha no qual o coloquei ficou manchado de mostarda. Quase sem pensar, apanho uma caneta sobre um bloco de anotações, faço um círculo ao redor das manchas de mostarda e vejo que as manchas parecem pétalas. Preguiçosamente desenho um caule e folhas, depois um vaso para a flor, acrescento outra flor, e faço um borrifo extra de mostarda com a faca sobre o papel para fazer um miolo para a outra flor. Percebo que estou gostando do meu desenho, mesmo sendo um desenho idiota. Começo a achar que sou boa em transformar toalhas de papel sujas em arte, e penso que talvez pudesse iniciar um novo movimento artístico.

Pego o papel toalha para jogar fora, mas hesito. Pensando bem, ficou muito legal, quem sabe tem mesmo algum valor. Procuro então fixar na geladeira com um ímã, mas nenhum dos que tenho funciona e, depois de algumas tentativas, acabo mesmo jogando o papel no lixo. Feito isso, percebo que estou me sentindo muito mais otimista, e retomo meu dia com outra energia.

Uma das quatro nobres verdades mais expressas nos ensinamentos de Buda é de que tudo é transitório. Nas meditações durante longos retiros, aprendemos que temos de nos concentrar na realidade da transitoriedade. Sentada na almofada, olhos fechados, observo a minha respiração, o movimento de inspirar e expirar, sinto as patas de uma mosca em minha mão, presto atenção nos sons muito altos da respiração de alguém na almofada ao lado. Sinto a dor no meu joelho ir e vir, e fico pensando na campainha, pois, quando ela tocar, vou poder me levantar e tomar um chá forte com mel. De repente, tenho uma percepção mais profunda de todos os fenômenos surgindo e desaparecendo em intervalos cada vez menores, e tomo consciência de que eu e todos os meus amigos e conhecidos estamos vivendo num universo de fluxo contínuo e estonteante. Os professores insistem em afirmar que isso é bom, mas não tenho tanta certeza, e sinto um nó na garganta ao pensar que eu e todos aqueles que amo passaremos inexoravelmente para o outro plano.

Em mosteiros, monges e monjas recitam o sutra da transitoriedade para sempre se lembrarem de que nada dura e que se apegar a qualquer sentimento, pessoa ou objeto de prazer resulta em sofrimento. Eu recito o sutra sempre que me lembro de fazê-lo. Isso em geral acontece quando estou dirigindo, sobretudo quando sofri uma decepção amorosa ou na vida profissional, e me sinto deprimida e de péssimo humor:

Todas as coisas são transitórias
Elas surgem e passam

Estar em harmonia com esta verdade
Traz grande felicidade.

O sutra funciona. Eu me sinto mais calma, e repito para mim mesma que não só o prazer passa, mas a dor também. Serei feliz de novo e isso ameniza a dor que sinto no coração.

Todos nós podemos fazer peças de arte. Elas nos dão prazer no momento em que as criamos, e depois podem ser descartadas, reforçando em nós o sentido da transitoriedade. Quando desenvolvemos a capacidade de superar o ritmo da mudança, quando deixamos de nos agarrar à necessidade de que as coisas sejam exatamente como desejamos e, em vez disso, aprendemos a forma de nos harmonizar com a realidade, descobrimos dentro de nós uma tranqüilidade muito maior. Assim, nos tornamos capazes de usufruir os prazeres e alegrias que a vida nos oferece, não porque imaginamos que durarão para sempre, mas porque sabemos que são temporários e que devem ser vividos intensamente no momento em que se apresentam.

A prática

Enquanto faz uma caminhada na praia ou mesmo nas ruas de seu bairro, reúna objetos que chamem sua atenção e faça um arranjo. Você pode colocar cinco pedrinhas brancas em fila sobre uma grande pedra preta. Ou uma flor vermelha sobre um leito de folhas verdes. Ou colocar uma única concha branca sobre um pedacinho de madeira. Pode usar um galho caído como base, empilhar pedras sobre ele e jogar folhas como confete por cima. Trabalhe sem pensar ou planejar. Permita que a parte de sua mente que gosta de forma e cor assuma o comando. Não procure um sentido no que faz, nem julgue seu progresso. Simplesmente permita que suas mãos sigam seu impulso.

Quando terminar, olhe com atenção para o que criou e siga em frente. Continue sua caminhada sem olhar para trás. O que importa não é o resultado, mas o processo.

Descobrindo arte em objetos

Uma tarde fui convidada para uma noite beneficente na casa de um casal colecionador de objetos de arte, numa área nobre de San Francisco. A apresentação da coleção aconteceu num magnífico salão de mármore negro. As paredes estavam cobertas de trabalhos notáveis de arte contemporânea, valorizados pela iluminação adequada. Como ficamos de pé durante uma palestra, depois de um tempo, cansada de ficar de pé, apoiei-me numa prateleira. Perto de mim estava uma enorme caixa de areia para gatos.

Mais tarde, a anfitriã levou um pequeno grupo para um *tour* pelas peças de arte distribuídas pela cozinha, corredores, quartos, escritórios e banheiros. Foi quando percebi que a caixa de areia para gatos era arte – arte que o casal comprara de um negociante famoso.

Podemos considerar Marcel Duchamp o responsável por essas mudanças na arte contemporânea. Imaginem a reação dos conhecedores de arte quando ele apresentou um urinol numa exposição em Nova York. Gênio, alguns exclamaram. A derrocada da arte ocidental, lastimaram outros. Em qualquer dos casos, Duchamp e os dadaístas mudaram nosso modo de ver as coisas.

Duchamp tinha interesse em criar um trabalho que não apenas desse prazer ou intrigasse quem o visse, mas que transformasse a própria percepção. Suas experiências deram certo e agora temos a liberdade de olhar para qualquer objeto à nossa volta – um portaclipes de papel, um pedaço de pão pela metade, um relógio sobre um tecido – como matéria de arte.

Este tipo de arte permite aos olhos ver arte onde costumamos não a reconhecer, e fazer arte de qualquer coisa que encontremos, em qualquer lugar. Trata-se de emprestar valor artístico às coisas comuns.

A prática

Separe um objeto qualquer e contextualize-o de nova maneira, destacando-o, colocando-o numa moldura, relacionado com outros objetos, de uma forma e num lugar onde ele seja visto em vez de ignorado.

Pegue objetos que atraiam você – uma tigela, um brinquedo, uma escova de dentes – seja pela forma, pela textura, pelo significado. Podem ser objetos achados em suas caminhadas ou objetos de seu dia-a-dia. Você pode juntá-los com cola, pregos, fita adesiva, nós, ou equilibrando um sobre o outro. Pode simplesmente colocar os objetos num lugar onde serão notados: uma fileira de cinco rolos de papel higiênico na parte de trás do vaso sanitário; um saleiro sobre uma grande folha de árvore no meio da mesa da cozinha.

Pode também pendurar os objetos: uma escova de dentes cor-de-rosa numa parede branca nua. Ou usar um pedestal: um saco de ração de cachorro sob um foco de luz. Ou no canto da mesa de trabalho: três clipes de papel vermelhos, um clipe azul, três amarelos. Pode pendurar o objeto em um gancho no teto: um vestido de casamento. As variações são infinitas.

Quando sentir vontade de fazer arte, quando sentir irritação ou raiva, olhe ao redor e faça arte de qualquer coisa que achar, no lugar que preferir. Garfo sobre faca no centro de um prato branco. Pirâmide de palitos. Linha de creme de barbear esguichado sobre a perna nua. Guardanapo cercado de migalhas de pão. Círculo de pétalas soltas.

É muito provável que você já tenha realizado este tipo de arte. À mesa com amigos, você movimenta a xícara e o pires para lá e para cá, ou rasga o guardanapo de papel em pedaços que arruma sobre o prato. Agora, sabendo que está fazendo arte, vá em frente, elabore suas criações, delicie-se, crie.

Durante o mês em que lecionei no curso de inverno do Esalen Institute, no estado da Califórnia, tive a oportunidade de participar, durante um fim de semana, de um seminário sobre relacionamentos ministrado por um psicólogo famoso por seus conhecimentos no campo do amor. Depois de uma palestra pela manhã, ele nos fez passar a tarde desenhando um mapa da história de nossos relacionamentos, do nascimento até o presente. Deveríamos incluir todas as pessoas que foram importantes para nós: pais, avós, irmãos, grandes amigos, padrastos, madrastas, namorados da adolescência, amantes, cônjuges, ex-cônjuges, paqueras, filhos, enteados, animais de estimação. Usando lápis e canetas coloridos, num grande bloco de rascunho, fiz lindas curvas líricas e volteios tortuosos, espirais otimistas seguidas de tempestades de pingos negros, explosões orgásmicas e erupções atormentadas, mas, ao final da sessão, senti que não fora capaz de lembrar com sinceridade da essência dos relacionamentos em minha vida, e me propus a continuar a tarefa quando tivesse tempo.

Quando voltei ao pequeno apartamento onde estava alojada, a cerca de um quilômetro e meio descendo a Highway 1, onde os participantes ficavam, fui ruidosamente saudada pela minha cocker spaniel de seis meses, Emma, que, feliz, abanava o rabo. No chão, um monte de fio dental entrelaçado com enfeites de Natal, galhos, tiras marrons de fita cassete. O tubo plástico da pasta de dente balançava no meio de um arco de sessenta centímetros formado pelo emaranhado de fios. As tentativas de Emma de fazer arte pareciam muito mais representativas dos meus relacionamentos do que o trabalho que eu fizera. Assim, joguei meu trabalho na lareira e guardei o dela, que agora está na parede do meu quarto. As visitas, impressionadas com a escultura, me perguntam de quem é a obra. Emma, respondo. Ficam em silêncio, tentando lembrar se Emma é alguma de minhas amigas, pois o nome é familiar – e apreciam o trabalho com outros olhos ao descobrirem que me refiro à minha cadela.

Ao fazer arte com os objetos comuns que nos rodeiam, despertamos em nós um sentimento de alegria que levamos para nossas amizades e relações de trabalho. Começamos a ver o mundo numa nova perspectiva, derrubamos nossos preconceitos e estabelecemos parcerias com o que nos cerca. Ao fazer arte com o que achamos, mudamos nossas vidas – transformamos a realidade lógica e entramos num universo repleto de arte feito de saleiros, cotonetes, relógios, xícaras e computadores. Um universo que nos convida a fazer parte do jogo da criação, agora.

Cinco

Palavras sobre palavras

Um ataque ao inarticulado

"A verdade é revelada. Jamais poderá ser dita. Ela tem de aparecer inserida no que se diz ou através do que se diz."

JAMES HILLMAN

Seguindo em frente

Um dos meus melhores professores de teatro, John Parkinson, obrigava os alunos a horas de exercícios físicos e vocais antes de permitir que usassem palavras. "O corpo vem primeiro", advertia. "Deixe a linguagem vir a partir do corpo." Todos nós precisamos do corpo para nos expressarmos. Podemos escrever um conto ou um poema sem jamais cantar ou dançar, mas o conto ou o poema terão mais qualidade provavelmente se dançarmos ou cantarmos por um instante antes ou durante o tempo em que escrevermos. Se o corpo está tenso, a mente tende a estar contraída também.

Um amigo que é excelente romancista contou-me que muitas vezes, quando está escrevendo, ele sente a mente embotar e fica incapaz de redigir uma só linha. No processo de elaboração, a mente pode ficar embotada. Então, ele toca música e dança loucamente até liberar sua energia física e descontrair as idéias. E aí volta a escrever.

Se você tem feito os exercícios propostos neste livro, até agora já dançou e fez exercícios com a voz por pelo menos um minuto. Podemos então passar à questão da escrita. Mas lembre-se: ao escrever, faça uma pausa de vez em quando para se mexer, dançar, rabiscar e cantar.

Amor e linguagem

Um dos muitos prazeres de escrever é que, quando anotamos nossos pensamentos, sentimentos e experiências, descobrimos o que pensamos, sentimos e sabemos. Embora os seres humanos sejam os únicos animais que pensam, muitas vezes não temos consciência do conteúdo de nossos corações e mentes. Por não termos consciência, somos capazes de agir de maneira infeliz e destrutiva, porque é sempre a dinâmica interna que conduz nossas atividades e influencia as escolhas que fazemos a cada minuto. Se não a conhecemos, perdemos o controle sobre nossas ações. Por isso, escrever é importante: porque revela o que está submerso, permitindo que o que está dentro de nós, escondido, se agitando, possa vir à tona e ser visto. À medida que nossa experiência interior toma forma na folha em branco, surgem percepções e descobertas. Ao aprendermos a usar a linguagem para expressar pensamentos, sentimentos e experiências de modo cada vez mais claro, poético, preciso, nos apaixonamos mais profundamente por este processo e por nossas vidas.

Diretrizes

Não importa se o que escrevemos é apenas para nós mesmos ou se temos a intenção de publicar nossos escritos. As diretrizes são as mesmas:

1 – Enquanto escrevemos, o trabalho será mais fácil se imaginarmos que estamos escrevendo apenas para nós. Como se escrevêssemos um diário a que ninguém terá acesso, tendo a liberdade de expor aspectos nossos que tendemos a manter escondidos. Quando escrevemos, descobrimos e revelamos o que está oculto; fazemos ligações e chegamos a um conhecimento mais profundo de nós mesmos, dos nossos relacionamentos e do mundo em que vivemos. Ao escrever, cultivamos a clareza da mente. Neste sentido, escrever é uma espécie de meditação.

2 – Mantenha a mão em movimento. Natalie Goldberg, em seus excelentes livros sobre a escrita como prática espiritual, ensina que devemos permitir que o fluxo do subconsciente aflore através da mão que se movimenta. Se ficamos muito preocupados em trabalhar a linguagem e aprofundar as percepções, permitimos que a mente repressora invada nossos pensamentos, impedindo o acesso às imagens do subconsciente. Em vez de tanto cuidado e meticulosidade, deixe as palavras

fluírem dos dedos sem impedi-las. Sempre podemos voltar a um texto já iniciado e reescrevê-lo. Ou podemos, às vezes, escolher escrever devagar e cuidadosamente, com grande precisão. Mas, para descobrir o que está dentro de nós, devemos obedecer ao impulso e fazer com que a mão se mova à medida que surgem os pensamentos.

3 – Em vez de querer determinar a seqüência do texto antes de começar – o começo, o meio e o fim da história –, o importante é deixar uma palavra levar à próxima. Não saiba. Não planeje. Nossas mentes são infinitamente mais inteligentes do que imaginamos, e a única maneira de atingir esse discernimento inato é renunciar ao controle. Se estamos trabalhando num texto para publicação, um roteiro de cinema ou uma peça de teatro, de fato precisamos de um planejamento prévio ou de um estudo de personagens. Mas, quando escrevemos para nós mesmos, precisamos permitir que uma liberdade criativa conduza nosso texto.

4 – Não coloque um alto nível de exigência. Cinco minutos, dez, vinte ou uma hora. Durante este tempo, deixe à mão tudo de que precisa – uma xícara de chá, caneta, papel, o computador, lenços de papel, uma vela, gotas de essência, seja o que for, e então – ESCREVA.

5 – À medida que escreve, você pode sentir constrangimento, impaciência, angústia, cansaço. Muitas vezes o desconforto aparece quando começamos a trabalhar com material de profundo significado em nossas vidas, material capaz de revelar aspectos de nosso ser que tendemos a reprimir. Se o constrangimento surgir, não abandone o processo, continue a escrever. Dê boas-vindas à dor. Escreva a respeito da ansiedade. Nosso melhor material provém, na maioria das vezes, exatamente das experiências sobre as quais não queremos escrever, as que nos recusamos a expressar.

Permita-se entrar no território proibido, explorando-o o mais que puder. Escreva o que não quer escrever. Escreva o que acredita não interessar a ninguém. Escreva o que não pode contar ao seu melhor amigo, à sua mulher, seu filho ou seu sócio. Não é necessário mostrar esse trabalho a ninguém. Você pode queimar as páginas. Pode trancá-las num arquivo, num envelope sem etiqueta ou colocá-las no cofre.

6 – Em vez de escrever sobre algo importante, escreva sobre alguma coisa rotineira que lhe vier espontaneamente à cabeça. As coisas aparentemente sem importância sempre contêm um significado.

7 – Seja irreverente. Felizmente somos capazes de rir de fatos que foram dolorosos na época, mas que agora, depois de amadurecermos e refletirmos, parecem engraçados. Reverencie o humor.

8 – Lynn Freed, uma escritora com quem estudei, me ensinou muitas coisas, mas a minha favorita é: "A única regra é aquela que funciona." Se o que você está escrevendo funciona, as regras não têm importância. Faça as suas próprias regras, desde que elas não impliquem repressão e censura. Transgrida. Invente. Divirta-se. A única regra é aquela que funciona.

Detalhes sobre detalhes

Quando se conta uma história, a regra mais importante com que me deparei, além de "a que funciona", é "use detalhes". A vida é cheia de particularidades – cores, texturas, cheiros, gostos, sons, nuances de luz, sensações. Não estou simplesmente sentada à minha mesa de trabalho: estou sentada numa gostosa cadeira de couro vermelho que comprei de minha amiga Sally. Ela veio acompanhada de uma série de instruções sobre a melhor maneira de usá-la, mudando as posições para garantir a saúde da coluna. Mas ignoro as opções e me penduro na beira da cadeira pela qual paguei uma fortuna, minhas costas longe do suporte.

Se quisermos ser vistos como pessoas importantes, com idéias profundas, nossa escrita pode se tornar didática e pomposa. Se prestarmos atenção, veremos que a maneira pela qual chegamos às nossas conclusões sobre vida, amor, ciência, mercado de ações, saúde e religião é através da vivência. Sintetizamos informações através de experiências específicas que codificamos em teorias. É a experiência que deve ser relatada com a maior espontaneidade possível – porque é através dos fatos detalhados que a verdade se revela.

Se em vez de escrever "Minha sogra é cruel comigo", você contar que sua sogra entra em sua casa sem avisar, critica a forma como você educa seus filhos, recusa a comida que você preparou dizendo que lhe faz mal, coloca seu marido contra você, o leitor vai compreender perfeitamente em que sentido você sente a crueldade da sua sogra.

Dê sempre preferência aos relatos, com os detalhes relevantes que criem uma imagem, despertem o interesse de quem lê e transmitam a mensagem.

A prática

Feche os olhos e fique em silêncio. Quando os abrir, deixe seu olhar se fixar num item à sua volta: um copo, uma caixa de lápis, uma árvore, um relógio. Escreva livremente sobre esse objeto, descrevendo detalhes, fazendo associações com o que lhe vier à cabeça.

Para conhecer as coisas intimamente

"E assim cada aventura
É um novo começo, um ataque-surpresa ao inarticulado."

T. S. Eliot

Estou no meu estúdio. O sol, através da clarabóia, faz brilhar o teto chanfrado. Examino a faixa de luz sobre a superfície de madeira irregular e procuro a melhor forma de descrever o sentimento sugerido por esta luz. Só consigo encontrar clichês: paz, luminosidade. Mas estas palavras não descrevem com precisão o que eu sinto ao examinar o feixe luminoso. Desisto de procurar palavras e me deixo ficar ali, concentrando a atenção em *sentir* minha experiência.

A experiência não pode ser totalmente captada pela linguagem, apenas sugerida. A tarefa do escritor é trazer à tona um sentimento no leitor – fornecer detalhes sensoriais suficientes para que o leitor possa *entrar* na cena e ser transportado de onde está para dentro da história, seja um quarto em Manhattan, uma excursão na Amazônia, o assento da frente de um carro numa estrada do interior da França ou a mente de um personagem suicida. As palavras são sempre insuficientes, porque nossa experiência é excessivamente complexa para ser falada. Mas podemos apontar, convidar, sugerir, surpreender, revelar e convocar. O feixe de sol é significativo porque brilha, porque é fim de tarde, porque não há nuvens e o céu está claro e porque o azul-escuro do mar está coberto de manchas brancas.

Conhecemos a vida através dos sentidos: olfato, tato, paladar, visão, audição. E cada um desses sentidos nos fornece detalhes. Não vemos apenas uma maçã, mas uma maçã vermelha com a casca machucada perto do caule e um pequeno selo azul com a palavra "orgânica" em letras amarelas. Não sentimos o cheiro da comida em geral, mas o cheiro específico de cebola, curry, chocolate ou canela.

Quando conseguimos ter uma relação sensorial profunda com a realidade, nossas vidas e nossa arte ressoam com riqueza, profundidade, sabedoria. Não por termos uma opinião sobre as coisas, mas porque passamos a conhecê-las intimamente.

A prática

Feche os olhos. Perceba os aromas sem procurar dar nomes a eles. Abra então os olhos e descreva de que é o aroma que sente: cebola, baunilha, café, fumaça de cigarro, jasmim. Ou faça frases: *a jaqueta de couro pendurada nas costas da cadeira da cozinha; o cachorro ainda molhado da chuva que caiu; a luz coada pela cúpula rosa do abajur, um cheiro de maresia; o cheiro de lenha queimando.*

Os aromas são parte de nossa experiência diária da vida. Se tenho a capacidade de descrever minha experiência, você poderá penetrar nela e conhecer minha realidade.

Feche agora os olhos e concentre a atenção nas várias partes do corpo, procurando descobrir as sensações presentes. Não tenha pressa. Uma determinada sensação pode intrigar você. Sinta-a. Examine-a. Pode ser uma dor muito sutil, localizada ou difusa. Pode ser um formigamento. Suas extremidades estão quentes ou frias? Preste bastante atenção. Abra os olhos e escreva o que sente: *uma tensão entre as omoplatas como se fosse uma correia apertando; um leve estremecimento nas pálpebras; as pontas dos dedos formigando; frio nos pés.*

Feche os olhos e preste atenção. Alguns sons, como o de um carro que passa, podem surgir e desaparecer rapidamente; outros – como o zumbido da geladeira, da televisão, do ar-condicionado ou o rádio do vizinho – podem ser constantes, mas ter flutuações. Ouça com atenção. Anote o que ouvir.

Feche os olhos. Pode perceber um gosto na boca? Amargo, doce, azedo, úmido. Morda alguma coisa e preste atenção ao sabor. O sabor é afetado pela textura, pela temperatura. Anote o que perceber.

O que está vendo? Deixe os olhos pararem em qualquer coisa. Perceba a cor, a forma, a aparência, a textura, a sombra, a luz. Olhe com atenção. Anote o que vir.

Se não tiver muito tempo, escolha apenas um dos sentidos e escreva por um minuto ou dois. Se não quer escrever, basta perceber o que está cheirando, ouvindo, degustando, sentindo, vendo. Pode fazer este exercício em qualquer lugar. No metrô, num ônibus, no carro, numa fila de banco. Você se beneficiará dos efeitos desta prática sempre que escrever.

Associando a partir de detalhes

Muitas vezes não escrevemos porque não conseguimos decidir sobre o que queremos escrever. Sentimos que só podemos começar quando soubermos o que vamos dizer. Como nos processos que descrevi nos capítulos anteriores, podemos começar sem saber aonde vamos, sem ter a mais vaga idéia do que surgirá. Tudo o que precisamos fazer é começar e depois continuar, deixando fluir as palavras. Mas saber isso não nos ajuda a dar a partida. Então, como começarmos?

Numa conferência sobre aposentadoria conheci uma neurologista, com mais de setenta anos, que continuava a lecionar e a conduzir pesquisas sobre a função cerebral. Ela nos disse que os dendritos, que são os prolongamentos dos neurônios, em parte responsáveis por nossa inteligência, continuam a crescer à medida que envelhecemos se exercitarmos a mente com novas habilidades físicas e ampliarmos nosso conhecimento intelectual. Quando paramos de aprender, o cérebro pára de produzir dendritos e perdemos a agilidade mental. Depois de amplas pesquisas, concluiu que o pensamento associativo é especialmente eficaz no estímulo do crescimento de dendritos. Quanto mais nossas mentes fazem associações, saltando de um assunto para o próximo, mais inteligentes nos tornamos.

O pensamento associativo também dá acesso a imagens que nos ajudam a elaborar os textos que desejamos produzir. Exercitando nossa capacidade associativa, podemos aprender a deixar a inspiração surgir a partir de qualquer coisa: uma rosa, uma pilha de pedaços de madeira, um banco da praça. O que eles nos fazem lembrar. Se você não exercer qualquer censura sobre o seu pensamento, verá a riqueza de imagens, sensações e sentimentos que surgirão a partir daí. E estará fazendo crescer seus dendritos e desenvolvendo sua inteligência e agilidade mental.

A prática

Faça uma lista de imagens que você vê ou ouve, cujo cheiro sente ou percebe no ambiente à sua volta:

O contorno dourado do prato de jantar
Uma vela roxa, com cheiro de lavanda
O estojo preto dos óculos
O chiar da chaleira

Agora, acrescente a essas imagens as palavras "me faz lembrar" e termine a frase:

O contorno dourado do prato de jantar me faz lembrar a aliança de casamento de meus pais.

Uma vela roxa com cheiro de lavanda me faz lembrar que o meu frasco de lavanda está acabando. E me faz lembrar também dos campos de lavanda que vi na minha viagem pela Provence.

O estojo preto dos óculos me faz lembrar que, na semana passada, recebi um cartão de meu oftalmologista avisando que faz um ano do meu último exame. E também me faz lembrar da minha primeira professora.

O chiar da chaleira me faz lembrar da infância em casa de meus avós.

Trabalhe o mais depressa que puder, sem pensar. Faça todas as associações possíveis, sem criticar. Liberte a mente.

Fazendo associações a partir de objetos comuns, ganhamos acesso às histórias que estão no subconsciente, escondidas do nosso intelecto. É por isso que muitas escolas de psicologia moderna utilizam processos associativos para descobrir a dinâmica do mundo interior do paciente, que influencia diretamente seu comportamento. Quando essas imagens internas são reveladas, conseguimos ver nossas vidas mais claramente e nos sentimos melhor. Mas não é apenas nossa dinâmica interna que se revela. À medida que libertamos a mente para fazer associações a partir de imagens das coisas comuns que estão à nossa volta, mudamos a maneira de ver o mundo. Montanhas, xícaras, abajures, estojos de lápis deixam de ser vistos como objetos corriqueiros e são percebidos de uma nova maneira.

Deixe que a mão se movimente

Assim, temos a lista de imagens que associamos a partir de outras imagens. E agora? Escolha uma e escreva. Apenas escreva, deixando a mão se movimentar sobre a página. Liberte-se.

Libertar-se de quê? Do controle, do esforço, do julgamento, da preocupação, dos conceitos sobre como sua vida *deveria* ser, como sua escrita *deveria* ser, do que você *deveria* desejar, e assim por diante. Uma palavra levará à próxima, uma frase se desdobrará em outra, os parágrafos se sucederão se permitir que a mente relaxe e a mão continue a movimentar-se. Mas, se resolver avaliar o trabalho à medida que escreve, vai parar no meio do caminho. Você pode avaliá-lo mais tarde, depois que tiver se permitido despejar as palavras no papel.

Muitas vezes, enquanto escrevo, tenho a impressão de que o que estou escrevendo é uma bobagem completa. Forço-me a continuar, pensando que, em último caso, jogarei tudo fora. Mas na maioria das vezes, quando termino e releio, descubro que há um sentido na narrativa que não teria se revelado se eu tivesse tentado escrever frases maravilhosas, com verbos perfeitos e metáforas deslumbrantes. Percebo também que quando consigo escrever, meu humor melhora. Algo na minha psique se liberta e não se importa a mínima se minhas frases são dignas de publicação ou se o seu destino será a cesta de lixo.

A prática

Escolha uma das associações da lista que elaborou na prática anterior e escreva um texto.

O contorno dourado do prato de jantar me faz lembrar a aliança de casamento de minha avó. Você pode começar assim. Mas para onde vai depois?

Pergunte-se onde está a aliança.

Está no dedo da minha mão direita.

Pergunte-se como ela foi parar lá.

Depois que minha avó morreu, pedi que me dessem sua aliança porque o nome de meu querido avô estava inscrito em seu interior.

Por que seu avô era tão querido?

Descreva detalhadamente uma cena de infância com ele.

Descreva a casa em que moravam seus avós.

Havia algum perfume especial?

Evite nos dizer como se sentia. Em vez disso, deixe os detalhes revelarem quais eram suas emoções na infância e quais são as emoções que essas recordações lhe trazem.

Vinte e quatro horas

"Se a sua existência cotidiana lhe parecer pobre, não a acuse. Acuse a si mesmo... Porque para o Criador não há pobreza nem lugar mesquinho e indiferente."

RAINER MARIA RILKE

Se nossa vida parece monótona e sem graça, a culpa não é da vida, mas tanto de nossa falta de consciência quanto dos limites que impomos à expressão do que está dentro de nós. Quando prestamos atenção no que nos cerca e nos permitimos expressar, a vida fica enriquecida por uma série de imagens, memórias, sonhos, pensamentos e sentimentos.

Regularmente faço um exercício com meu parceiro Corey Fischer. Depois de uma hora de aquecimento, cada um faz uma improvisação de dez minutos enquanto o outro observa. Muitas vezes, antes de começar, tenho um certo pânico, achando que não vou encontrar um material significativo que valha a pena expressar. Acabo encontrando material escondido num acontecimento banal.

Eu me concentro em um objeto e procuro falar algo sobre ele. Inevitavelmente a imagem que surge parece comum demais e, de início, recuso-me a falar sobre ela. Mas venço a resistência e me permito descrevê-la. Vejo, por exemplo, no meu jardim, uma colher de jardineiro enfiada no canteiro onde os tomates se tornaram vermelhos. Então eu digo: "A colher de jardineiro está enfiada na terra onde os tomates se tornaram vermelhos." Fico sem saber o que dizer em seguida, mas então me lembro de que ganhei aquela colher de um amigo, numa caixa de madeira. E, assim, falo da colher de jardineiro na caixa de madeira e de meu amigo, que está ficando grisalho. Lembro que minha avó tinha roseiras vermelhas no caminho que levava ao jardim de frente da casa e gerânios na lateral que ela regava todas as tardes com uma mangueira verde. Eu poderia continuar fazendo associações durante bastante tempo, mas levo apenas dez minutos, e nesse tempo limitado, uma história toma forma com começo, meio e fim, e nela descubro uma série de ricos significados na minha vida.

Uma prática que realizo com meus alunos é escrever sobre algo que aconteceu nas últimas 24 horas. Eu os oriento a começar com uma imagem simples. Quando conseguem encontrar um fato significativo – por mais corriqueiro que pareça – nas últimas 24 horas, peço-lhes que escrevam com a maior espontaneidade sobre um fato ocorrido nas últimas 12 horas. "Agora escrevam sobre algo que ocorreu nas últimas duas horas", digo. Reclamam, mas fazem assim mesmo. E, finalmente, escrevem sobre os últimos dez minutos. O que descobrimos é que, ao contrário de não ter nada a dizer, temos material suficiente para toda a vida.

A prática

Feche os olhos, respire por um instante e relaxe. Então, examine as últimas 24 horas da sua vida como se estivesse assistindo a um filme. Perceba quais foram as experiências que provocaram uma emoção especial. Podem ser coisas aparentemente banais, pelas quais você passou sem prestar maior atenção: um menino parado na porta de casa com o olhar tristonho, a beleza de uma árvore florida perto de seu prédio, duas amigas se abraçando efusivamente na rua. Ou pode lhe vir à mente um incidente claramente significativo

> que agora você pode explorar sem pressa: o telefonema de uma pessoa que você não via há muito tempo, sua filha perder o primeiro dente, o beijo especialmente afetuoso do marido na hora de sair para o trabalho. Perceba os detalhes à medida que examina essas lembranças: a cor das flores da árvore, a forma dos corpos das amigas, a reação de sua filha.

Deixe que a mente se detenha em uma única imagem – qualquer uma – das últimas 24 horas e comece a escrever. Mesmo que não tenha a mais vaga idéia do significado desta imagem, escreva de qualquer maneira. Ou, se foi uma experiência especialmente marcante, você pode perceber melhor o significado. Confie no que surgir e escreva. Muitas vezes durante a escrita nos damos conta de aspectos que ainda não estavam nítidos. O presente que a escrita nos fornece é um método de descoberta.

Decida, antes de começar, por quanto tempo você vai escrever – vinte minutos, quinze, dez ou dois – e continue pelo período que determinou.

É importante ter disciplina no início do exercício e não dar atenção às vozes que insistem que você não tem nada de valor a escrever. Se conseguir ultrapassar esta barreira, se encontrará no meio de uma fonte de material interessante e verá sua própria vida com um novo olhar.

Quando estamos atentos e expressamos a riqueza que sempre existe em nosso cotidiano, sentimos a vida tornar-se cada vez mais rica.

Identificando o problema

Uma teoria que ouvi diz que a linguagem foi inventada porque as pessoas precisavam reclamar. Temos vontade de reclamar da dor nas costas, da infidelidade conjugal, dos pais idosos, do preço das coisas, dos impostos, da violência, do trânsito, dos filhos adolescentes, e vai por aí afora, uma lista infindável. Agora vou lhe dar uma oportunidade de reclamar por uma boa causa: reclame do que quiser, mas reclame em benefício de sua arte. Porém, há regras a seguir. Não escreva de forma teórica. Atenha-se aos fatos e escreva frases recheadas de detalhes.

A prática

Identifique o que está perturbando você neste momento. Seu pescoço dói. Um policial multou você por excesso de velocidade, sem nenhuma razão. Ao sair do banho, você percebeu que suas coxas estão flácidas e cheias de celulite. Sua amiga, na sexta semana de quimioterapia, perdeu todo o cabelo. Você está na sua poltrona confortável assistindo ao telejornal e o locutor anuncia uma sucessão de desastres. Seu marido está mais uma vez atrasado e não telefonou avisando.

Continue escrevendo. Use detalhes. Evite teorizar e emitir julgamentos e opiniões. Não use frases como: Eu detesto... Gosto de... Não suporto... Acredito em... Tenho vontade de... Fico feliz quando... Estou triste porque...

"Não vamos descrever nossos sentimentos", digo a meus alunos que já fizeram muita psicoterapia e sabem expressar suas emoções. Porém, por mais que lhes diga para narrar fatos, alguém irrompe em lágrimas e me diz como se sente triste com a vida em geral. "O que você tomou no café da manhã?", pergunto, e a aluna responde, com os lábios tremendo: "Uma vitamina com suco de laranja, banana e farelo de aveia. Não apertei direito a tampa do liquidificador e fiz uma sujeira danada na cozinha." Neste ponto, todos ficam interessados.

– O que você estava vestindo? – pergunto.

– Uma camiseta onde estava escrito "Perversões Femininas" e os calções de boxe que meu ex-namorado deixou na cesta de roupa suja quando se mudou. Ficou tudo manchado.

Agora estamos ainda mais interessados na vida dessa moça, porque podemos sentir o gosto, o cheiro, e podemos ver.

Você pode expressar emoção, mas faça isso através de detalhes e fatos. O modo como uma pessoa levanta a mão do volante do carro, como observa uma criança brincando na areia, a roupa que veste, o perfume que usa podem revelar se ela é agitada ou deprimida, esperançosa ou desanimada.

Atenha-se aos fatos.

Cantando para minha mãe dormir

Temos tendência a ver a vida apenas sob nosso próprio ponto de vista. Dificilmente nos colocamos no lugar do outro para saber como ele sentiu aquela mesma experiência e sobretudo o que determinou suas ações.

Em 1984, fui convidada para escrever uma peça teatral e não tinha a menor idéia do tema a desenvolver. Naquele momento eu estava tendo sonhos perturbadores. Noite após noite eu tinha pesadelos nos quais perdia o enterro de minha mãe. Eu me perdia em ruas tortuosas e, quando chegava ao cemitério, os convidados já estavam saindo. Ou então, sonhava que acordava e percebia que o funeral acontecera no dia anterior. Quando acordava de verdade me lembrava que o enterro fora há muitos anos e que eu não só comparecera a ele como organizara todo o funeral com o maior requinte de detalhes. Cheguei a me dirigir até o estrado onde se encontrava o caixão para elogiar em voz alta a bondade de minha mãe.

Mas ela não tinha sido uma boa mãe. Fora uma mãe difícil, que detestava cozinhar, limpar, passava a maior parte de seus dias na cama, e contratava motoristas de táxi para me seguir quando eu saía com rapazes. Uma mãe que chegou ao cúmulo de gravar minhas conversas telefônicas e as enviar ao FBI num vão esforço de me ver na cadeia.

O alívio acompanhou a tristeza quando ela morreu. Por um ano me peguei tendo inesperados acessos de choro. Depois de um ano, a dor diminuiu e, depois de dois anos, ficou ainda mais difusa. Então por que, sete anos depois, eu estava tendo pesadelos?

Peguei uma pasta de arquivo onde tinha guardado sem ler os papéis de minha mãe, e finalmente resolvi tomar conhecimento de seu conteúdo. Nessa pequena coleção de papéis pessoais, descobri uma história da vida de minha mãe sobre a qual, até então, eu nada sabia.

Minha mãe se inscrevera num doutorado na Universidade de Stanford onde preparou sua tese de mestrado. Nos anos 50, minha mãe se dedicava a mudar o sistema educacional dos Estados Unidos para que as mulheres se sentissem seguras para ampliar seus objetivos profissionais. Em 1955, meu avô morreu, foi concluído o divórcio de meus pais, meu pai se casou com uma mulher vinte anos mais moça do que ele e minha mãe foi reprovada nos exames orais. Ela foi para a cama, deprimida, e dali só se levantava para eventuais compromissos profissionais e para ir aos shoppings centers, onde furtava objetos das lojas. Foi presa, perdeu a licença para lecionar e passou a ficar ainda mais tempo na cama, até o fim da tarde, quando ia comprar comida, material para casa e roupas, usando cupons que cortava de jornais e revistas. Raramente voltava antes da meia-noite. Até hoje não tenho idéia de como passava as horas depois que as lojas fechavam. Liguei para Stanford e falei com um dos professores que se lembrava bem dela. "Foi a aluna mais brilhante que já tive em meus vinte anos de professor da universidade", disse ele.

Minha forma de ver minha mãe mudou. Não era mais simplesmente uma mãe ruim com quem fora impossível viver e de cuja casa eu fugira aos dezessete anos, voltando apenas para ajudá-la a morrer. Agora eu a via como uma pioneira numa época em que as mulheres não tinham direito de ser idealistas. Entendi por que ficou incapacitada pela depressão, por que era tão infeliz no seu papel de dona de casa. Vi a coragem de minha mãe e como, apesar de tudo, ela trabalhara para me transmitir sua determinação, e com que ansiedade me protegera para que eu pudesse seguir um caminho profissional significativo.

Com o diretor Steve Kent e a artista plástica Lauren Elder desenvolvi um trabalho sobre a vida de minha mãe e sua morte. Contamos a história de múltiplos pontos de vista: o modo como eu percebia minha mãe quando era criança, o modo como ela me via à medida que eu crescia, a maneira como o mundo percebia minha mãe, louca e idealista, e minha experiência como adulta, olhando para trás e analisando a vida dela. A verdade só poderia ser contada através das lentes de muitos pontos de observação. A peça se chamava "Canção para minha mãe dormir".

A peça recebeu muitas críticas favoráveis, e todas as noites após a apresentação muitas mulheres me esperavam no saguão. Uma a uma, me confessavam que elas também tinham sido criadas por mães brilhantes que, incapazes de suportar o paradigma considerado regra nos anos 50, que relegava as mulheres ao papel de donas de casa, se tornaram insensatas de uma maneira ou de outra. Com lágrimas nos olhos, me agradeciam por contar suas histórias e por redimir suas mães ante seus olhos. Eu não percebera, até então, como minha experiência era comum, nem elas. Estávamos gratas por nos termos descoberto.

Mas a maior recompensa para mim foi o movimento ocorrido no meu próprio coração. Eu não deixara de ir ao funeral de minha mãe, mas deixara de conhecê-la. Ao preparar a peça, compreendi as dificuldades de sua vida, e o perdão aflorou em meu coração e envolveu-o todo.

A prática

Depois de fazer o exercício anotando aquilo que incomoda você, escreva a mesma história na perspectiva de quem é considerado o inimigo. Aprofunde-se o máximo possível na realidade do outro. Veja o mundo do ponto de vista do outro. Sinta o outro. Sem medo. Escreva.

Você pode usar "ele", "ela" ou "eu" quando escrever do ponto de vista da outra pessoa. Experimente e veja o que lhe permite chegar até o mais fundo possível. Talvez prefira usar "ele" ou "ela" quando escrever a seu respeito, o que pode proporcionar alguma distância de uma história muito pessoal ou difícil de revelar. Não tenha medo de encarar a verdade, por mais dolorosa que possa parecer. Se você conseguir olhá-la de frente, vai passar por um processo profundamente libertador.

Seis

Chá para dois

Criando aos pares

"Improvisação, composição, escrita, pintura, teatro, invenção, todos os atos criativos são formas de atuar, o lugar onde nasce a criatividade no ciclo do crescimento humano, e uma das maiores funções primitivas da vida."

STEPHEN NACHMANOVITCH
(extraído de *Ser criativo: o poder da improvisação na vida e na arte*)

Fome de amigos

Os primeiros capítulos deste livro se concentraram em práticas a serem realizadas de maneira solitária para revitalizar nossas vidas com auto-expressão criativa. Mas as atividades que realizamos sozinhos não são suficientes para satisfazer nossas aspirações, pois também desejamos ter contatos humanos profundos e divertidos. O verdadeiro companheirismo é essencial como alimento para o ser humano .

A vida moderna conspira contra a intimidade, fazendo com que muitos de nós se sintam sozinhos. Mas, embora possamos nos sentir solitários, vivemos rodeados por seres vivos com os quais estamos inextricavelmente conectados.

O desejo por companhia ativa e íntima é uma necessidade humana saudável, satisfeita simplesmente pelo fato de sermos quem somos na companhia de nossos amigos. Do mesmo modo que cada um de nós é único, cada amizade tem uma personalidade distinta – um sabor, um gosto, um modo próprio de ser. O que gostamos em nossas amizades não são apenas as pessoas, mas também aquilo que a amizade provoca em nós.

Do mesmo modo que cada um de nós deseja liberdade para si, também queremos nos sentir livres na companhia uns dos outros. Esta liberdade só é possível quando seguimos o que diz nosso coração e introduzimos um aspecto lúdico em nossas amizades, estimulando o que é natural no comportamento humano: atos espontâneos e criativos de auto-expressão.

Meditação

Leva só um minuto. Sente-se com seu amigo, feche os olhos e respire. É tudo. Um de vocês tem de ter a coragem de sugerir:

"Vamos meditar durante um minuto." O outro tem de ser aberto o suficiente para concordar, mesmo que não esteja com muita vontade. "Boa idéia."

Uma colega com quem estava trabalhando chegou correndo na porta do estúdio, atrasada para nosso encontro. A tarde estava quente, o suor pingava de nossas testas, nós duas falávamos correndo, nos interrompendo para ganhar tempo porque tínhamos muito a fazer. Puxamos juntas nossas cadeiras, pegamos os lápis e os blocos amarelos. Foi quando houve uma pausa e me ocorreu que podíamos meditar por um minuto. "Você quer meditar?", perguntei. O rosto de minha colega se iluminou como se lhe tivesse oferecido uma viagem ao Havaí com todas as despesas pagas. Imediatamente ficamos em silêncio.

Sabe aquele sentimento que se tem um pouco antes de dar um cochilo à tarde, durante as férias, a brisa entrando por uma janela aberta e fazendo farfalhar as palmas dos coqueiros? Invadidos por uma gostosa sonolência, de repente nos damos conta de que podemos cochilar, e esta parece a mais prazerosa das experiências humanas. Foi assim que eu me senti. Depois de alguns minutos, abrimos os olhos e nos sentimos tranqüilas. Começamos, então, nossa reunião relaxadas, sem atropelar mais as palavras uma da outra.

Quando nos refugiamos no silêncio, mesmo por um momento, nos livramos de camadas de estresse, vemos tudo com maior clareza, e por mais que a vida pareça difícil, achamos um lugar de repouso. A meditação é um momento em que o barulho do intelecto e a agitação do corpo têm de recuar para ouvirmos o que o coração sussurra. A meditação é normalmente uma prática silenciosa, e sempre a imaginamos como uma atividade isolada. Mas, na verdade, quando feita com outros, a meditação reforça as ligações e pode ter profundos efeitos sobre os relacionamentos. Através do simples ato de ficar em silêncio juntos, podemos alterar completamente a natureza de nosso relacionamento.

Quando ficamos em silêncio, nos abrimos para a parte calma, alerta e amável do nosso ser. Se estivermos zangados, magoados ou exaustos, o silêncio nos faz tomar consciência de nosso estado emocional, permitindo que compartilhemos com nosso amigo o que estamos sentindo. Desta forma, em vez de agredi-lo com nossa raiva, pedimos ajuda para administrá-la.

Quando meditamos com um amigo, nos despimos da agitação e, juntos, tocamos o silêncio que reside no âmago de nosso ser. O silêncio que mora no centro de nossos corações é o mesmo que mora no coração de nosso amigo, e ao tocarmos este silêncio, entramos em comunhão.

Podemos meditar por um minuto, dois ou três, sentados em uma cadeira, num sofá, ou deitados. E não precisamos de práticas complexas – podemos simplesmente ficar em silêncio juntos, permitindo que a mente se acalme e todo o corpo respire.

Sabemos disso, mas esquecemos, envolvidos em atividades contínuas. De vez em quando, entretanto, damos sorte e ouvimos a voz que nos diz para ficar em silêncio, não necessariamente sozinhos, mas com nossos amigos – a voz que nos diz para, por um minuto ou dois, sentar, fechar os olhos e penetrar no reino do silêncio.

Meditar é simples. Nós é que somos complicados. Mas também somos sábios e corajosos. Por mais que tenhamos esquecido, a tranqüilidade nos espera com grande paciência. E, sempre que lembrarmos, ela estará ali, no âmago do nosso ser, trazendo magníficos presentes.

A prática

Quando estiver com um amigo, feche os olhos por um minuto e concentre-se no ritmo da respiração, inspirando e expirando. Não faça esforço para respirar. Em vez disso, permita que a respiração obedeça ao seu próprio ritmo. Se estivermos atentos à respiração, ela tenderá a se aprofundar no corpo. Ao inspirar, leve o ar até o ventre.

Quando inspirar, traga para dentro de si calma e serenidade. Ao expirar, mande embora toda a tensão que está em você.

Quando abrirem os olhos, você e seu amigo se olharão, sentindo-se mais leves e felizes.

Massagem

Minha vizinha Annie tinha 11 anos quando veio me visitar depois da escola, reclamando de dor nas costas. Ela sofrera um pequeno acidente de automóvel havia alguns dias e se ressentia do impacto da colisão. Eu estava ocupadíssima, tentando concluir um artigo. A pia transbordava de louça suja, e a poeira sobre os móveis era tanta que se podia desenhar neles. Eu tinha uma lista de telefonemas para dar. Mas preparei para Annie um banho de espuma, e quando ela saiu da banheira coloquei-a em minha cama e fiz uma massagem em suas costas. Sua respiração foi ficando mais profunda à medida que meus dedos percorriam suas costas para cima e para baixo e, aos poucos, seus músculos foram se soltando com o meu toque. Enquanto Annie se acalmava, eu me acalmava também. Olhando à volta, a desordem da casa não me incomodou. Reparei, então, no vaso de lírios que colocara sobre a escrivaninha pela manhã e como o vermelho profundo do tapete brilhava à luz do sol que entrava pelo vidro da janela.

Um dos benefícios de fazer uma massagem é que aquele que a faz é beneficiado pela tranqüilidade que toma conta daquele que a recebe – esta é a alquimia do toque.

Nossas amizades florescem com a massagem. Não precisamos fazer uma massagem de corpo inteiro, nem por muito tempo – podemos massagear a cabeça, os pés ou os ombros por um minuto, dois ou três.

"Mas não tenho vontade de fazer massagem em ninguém porque minhas costas e meu pescoço também estão doloridos", você pensa quando sua amiga põe a mão no próprio ombro e se crispa de dor. Você sabe que ela está sofrendo e com apenas um minuto de massagem você a faria sentir-se melhor. Mas você resiste, e ficam as duas entregues à sua dor, o que é uma pena, pois ambas iriam sentir-se melhor.

Você pode oferecer uma massagem na mão de sua amiga quando estiverem tomando chá e ela se queixar de que o homem tão interessante que conheceu numa festa telefonou cancelando o encontro marcado. Ou pode oferecer uma massagem na cabeça à amiga que está nervosa porque a filha adolescente vai viajar sozinha pela primeira vez.

Freqüentemente somos muito tímidos para oferecer como presente o nosso toque, e preferimos preparar um drinque para o amigo sofrido. Mas, quando temos a coragem e a sabedoria para avaliar quando é possível fazer a oferta, podemos descobrir que nossos amigos ficam profundamente gratos em receber até mesmo uma massagem de um minuto, e que ficamos tão felizes em tocar neles quanto eles ficam em receber nossos cuidados.

A prática

Durante uma semana, ofereça-se para fazer massagens em seus amigos, filhos, cônjuge, colegas.

Quando começar, deixe que suas mãos repousem sobre o corpo de seu amigo por um minuto, sem se mexer. Sinta o calor da pele, e a energia do corpo que respira sob suas mãos. Então, permita que os dedos procurem seu caminho. As mãos têm inteligência própria e sabem o que fazer com os músculos retesados que se recusam a se soltar e os lugares sensíveis que precisam de um leve toque. Mas concentre-se na pessoa, e transmita-lhe afeto através do toque de suas mãos.

E se achar que gostou de fazer massagens, pratique por um mês, um ano – ou a vida toda.

Dançando com um par

Eu estava em pé, na beira da pia, lavando a louça num sábado de manhã. Meu hóspede, que mora na Inglaterra, estava raspando a cabeça no banheiro. Ele entrou na cozinha sem camisa, a cabeça brilhando, as calças do pijama largas em sua figura magra, e colocou um CD que trouxera de Londres. Começou a dançar e eu continuei a lavar a louça, resmungando porque o mingau de aveia grudara no fundo da panela. Ele chegou perto de mim, segurou minha mão cheia de sabão, balançou os quadris e me olhou direto nos olhos. Não tive como recusar. Dançamos em volta da mesa da cozinha e ele pegou um pano de prato e o sacudiu como se fosse o lenço de uma bailarina de dança do ventre. Alguns minutos depois, nós dois requebrávamos perto da pia e, enquanto eu enxaguava os pratos, meu amigo os enxugava. Enquanto guardávamos frigideiras e utensílios, rodopiávamos ao redor um do outro, com panelas na mão, como *chefs* num musical da Broadway. Estava profundamente agradecida por meu amigo ter tido a coragem de insistir para que dançássemos.

Dançar com um amigo é um bom remédio – curativo para o corpo e saudável para a amizade. Em alguns casos, quando você passou muitos anos saindo com um amigo sem ter tido a oportunidade de dançarem juntos, pode ser difícil no início. A seguir, uma receita que pode ajudar os corpos a se relacionarem.

A prática

Quando estiver com um amigo, marido ou mulher, um filho, namorado ou colega, ponha uma música e dancem. Você pode estar fazendo o jantar, cuidando do jardim, vendo televisão, limpando a casa ou num encontro. Façam uma pausa e dancem.

Num certo momento, dance separado, deixando simplesmente o corpo movimentar-se guiado pelo ritmo da música. Em outros momentos, junte-se a seu par e harmonize-se com o movimento dele. Movimentem-se livremente entre essas duas opções – dançando separados, dançando juntos.

Quando dançar separado, dedique-se aos movimentos que estiver fazendo. Quando uma das pessoas dança com intensidade, a outra sente a energia e é levada a um espaço energético parecido. Dançar com intensidade não significa movimentar-se rapidamente e com movimentos largos: você também pode fazer movimentos lentos e líricos. Quando juntar-se a seu par, dedique-se a qualquer movimento que executar.

Qualquer lugar pode se tornar um salão de dança: a sala de visita, a cozinha, o banheiro, o quarto de dormir, o elevador, o corredor, o vão da escada, o jardim.

O exercício do espelho

Há alguns meses, Corey e eu estávamos tendo dificuldade para montar cenas juntos, e nos flagramos várias vezes caminhando em direções opostas. Quando ele concebia uma cena sobre um pai doente e sua filha promíscua, eu imaginava uma cena sobre uma dupla de cães ferozes. Quando Corey visualizava que éramos dois homens velhos remando no mar ao amanhecer, eu imaginava que éramos marido e mulher discutindo num restaurante. Quando ele sentia que era melhor reduzir a linguagem falada para permitir que o movimento liderasse, eu começava a falar. Quando sentia que era hora de cantar, ele ficava em silêncio. Pressionados pela data da apresentação, estávamos começando a perder a confiança um no outro.

David, nosso diretor, sugeriu que fizéssemos o exercício do espelho. Torci o nariz. Tratava-se de uma velha técnica de teatro que eu usara nos anos 60 – não haveria um exercício mais sofisticado que pudéssemos fazer, algo mais contemporâneo? David insistiu. Relutante, fiquei em frente de Corey, olhei em seus olhos e nos alternamos, um seguindo o movimento do outro.

"Mais devagar, repare nas expressões faciais", aconselhava David, e eu ajustei os músculos de meus lábios e as sobrancelhas para que combinassem com os de Corey. "Movimentem-se juntos, sem que um dos dois comande", instruía David, e nós dois permitíamos que as ações surgissem por si mesmas, da forma mais uníssona possível.

À medida que continuávamos o trabalho, tive a sensação de me dissolver em Corey enquanto ele se dissolvia em mim, e os movimentos surgiam como se viessem de um mesmo corpo que tivesse vontade e direção próprias. A sensação de reciprocidade era um grande alívio, mas não fiquei triste quando David nos mandou terminar o exercício e voltei a ser novamente a única ocupante do meu corpo, livre para levantar um braço ou cair no chão sozinha. Mas Corey ainda não saíra de todo do meu mundo interior, nem eu do dele. Quando voltamos a improvisar, encontramos nosso caminho no território um do outro com uma facilidade notável, os dois em sintonia dentro da mesma história: um casal fazendo planos de férias num país tropical.

Ouvimos sempre de mestres espirituais que não estamos separados, mas inextricavelmente ligados. O impacto de se movimentar com simultaneidade precisa com outra pessoa pode ser surpreendentemente profundo. Quando seguimos o comando de nosso par, é como se estivéssemos nos mesclando com ele; quando nós estamos no comando, e nos vemos refletidos nos movimentos de nosso par, esta revelação também pode trazer uma intimidade surpreendente.

Eliminando o sentimento de separação, também eliminamos as barreiras psicológicas que nos impediam de estabelecer uma parceria criativa, e pudemos desenvolver nosso trabalho de uma forma harmoniosa que nos trouxe muito prazer.

Quando ministrava um curso sobre comunicação e formação de equipes a empregados de uma empresa de informática, convidei os participantes a fazerem o exercício do espelho. Para muitos era a primeira vez que se viam envolvidos num exercício em dupla incluindo movimento. Mas foram em frente, com coragem, embora eu pudesse perceber a insegurança nos movimentos duros e forçados. À medida que a prática se desenvolvia, começaram a descobrir o prazer da brincadeira, e a relutância cedeu. A tensão desapareceu dos rostos, os corpos se moviam com facilidade e a sala se encheu de energia.

Semanas depois, perguntei aos participantes se tinham notado alguma mudança no ambiente de trabalho. Disseram que se sentiam consideravelmente mais relaxados em relação aos outros, uma tranqüilidade visível não apenas nas brincadeiras no intervalo do café, mas também na mesa de reuniões. A criatividade floresceu naquela atmosfera relaxante.

Espelhamento, massagem, movimento e meditação melhoram o que se chama de "sintonia". Quando a sintonia entre as pessoas é maior, elas atuam com mais autenticidade e clareza, e a relação flui de forma prazerosa. Todos podemos nos beneficiar da sintonia, tanto em nossa vida pessoal quanto na profissional. Quando nos sentimos em sintonia com um par ou um amigo, qualquer atividade que realizamos é harmoniosa.

Para criar harmonia com nossos pares, podemos realizar práticas para aprender a sentir um ao outro e responder com sentimento. Podemos suavizar a sensação de separação e fortalecer nossa experiência de conexão.

A prática

Olhe seu par como se olhasse para um espelho. Decidam quem será o primeiro a conduzir. Olhem um nos olhos do outro. A deve começar a se movimentar vagarosamente, fazendo movimentos simples, de modo que B possa seguir facilmente. Por exemplo, levantando os braços vagarosamente até que atinjam a altura do ombro e então abaixando-os novamente. Então A pode levantar os braços novamente, mas dessa vez até que fiquem acima da cabeça. B executa os movimentos da forma mais precisa possível, em sintonia com seu par. Depois de meio minuto ou qualquer tempo que pareça suficiente, A diz "vamos trocar", e B passa a comandar. B pode levantar uma perna ou dar um passo lento e amplo para o lado. A o segue, mantendo o máximo possível o trabalho em sintonia. Depois de uns trinta segundos mais ou menos, B diz "vamos trocar" e A retoma o comando. E assim por diante.

Depois de alguns minutos, tendo se alternado várias vezes no comando, A e B tentam ao mesmo tempo deixar de lado o comando e permitir que o movimento surja sozinho. Movimentem-se devagar, de modo a continuar o trabalho em sintonia. Vocês vão se surpreender ao se verem trabalhando juntos como que magicamente – inclinando-se para a frente como se olhassem um nos olhos do outro, andando para o lado em câmera lenta.

Não se preocupem se não conseguirem trabalhar sem que um esteja comandando. Em algum momento, um ou outro poderá liderar por um instante antes que voltem à situação em que nenhum comanda. Não há problema. Esta é a natureza desse trabalho. Você também pode achar que seu par está no comando e ele achar que você está liderando. Um dos benefícios deste exercício é que se perde a noção de onde está vindo o impulso do movimento, como se os limites entre vocês começassem a se dissolver.

Lembre-se que o objetivo deste exercício é o movimento em sintonia. Para fazer isto bem é importante que os movimentos sejam fáceis de acompanhar – virar devagar a palma da mão para cima e depois para baixo; inclinar a cintura para o lado e voltar o corpo à posição ereta.

Quando sentir que domina o jogo, você conseguirá se movimentar mais rapidamente e introduzir gestos mais complexos. Isso é muito animador, pois elimina a noção de liderança.

Tudo bem, você leu a descrição do exercício, compreendeu como funciona e até deseja fazê-lo. Mas não consegue parar cinco minutos durante uma reunião com seu companheiro de trabalho, além de sentir bastante constrangimento em propor o exercício. E com certeza não tem tempo em casa, com o telefone tocando, tendo de preparar o jantar, dar banho no seu filho. Não é que você ache o exercício idiota; você o compreendeu, mas não se trata de uma necessidade essencial e agora você só tem tempo para o que considera essencial.

Entendo perfeitamente sua posição, e sei que o exercício do espelho não vai tornar sua vida menos atribulada. Infelizmente, não é suficiente ler sobre o exercício: para se beneficiar, você tem de fazê-lo. Se não dispõe de cinco minutos, use um minuto. Se não tem um minuto, arranje trinta segundos. Vença a resistência, vença o constrangimento. Seu humor pode melhorar, e você e seu par irão certamente se divertir. E então você continuará sua reunião de trabalho, a preparar o jantar, a dar banho no seu filho, mas tudo será mais fácil e divertido.

Uma frase de cada vez

Quando eu era menina e morava em Los Altos, passava as tardes com minha melhor amiga, Nancy, folheando o enorme catálogo da Sears, grosso como a Bíblia. Escolhíamos vestidos de noiva e ternos de noivos, conjuntos para a sala de visita e espreguiçadeiras. Apesar de toda essa visualização, nunca cheguei a ter uma casa com um pátio interno, com uma churrasqueira à beira da piscina onde um marido de bermuda preparava o almoço. Mas me diverti um bocado inventando histórias com Nancy.

Imaginar personagens com vidas próprias é um prazer para a psique. E, embora criar histórias sozinho já seja proveitoso, criar uma narrativa com outra pessoa nos permite compartilhar uma realidade, como era construir um forte no quintal quando criança.

Quando nos juntamos a um companheiro para criar uma realidade fantasiosa, trazemos à tona temas que estão no subconsciente. Nossos personagens revelam nossos conflitos internos, nossos segredos, representam o que somos incapazes de expressar e assim exercem um papel terapêutico na psique.

Uma noite, em vez de ir à locadora e alugar uma história numa caixa, apague as luzes, recoste-se e comece: "Era uma vez..."

A prática

Sente-se confortavelmente com um amigo. Revezando-se, construam uma história, uma frase de cada vez.

Por exemplo:

X começa: "Mais cinco semanas de trabalho", pensou Geraldine.

Y continua: O telefone tocou o dia inteiro.

X: Ela deixou as pessoas esperando na linha ouvindo aquela música insuportável e anúncios da empresa.

Y: Então, quando ela voltou a falar com as pessoas, elas estavam zangadas, irritadas, com raiva.

X: "Mais cinco semanas de trabalho antes de eu poder sair de férias", pensou ela.

Y: Fazer um cruzeiro pelas ilhas gregas.

X: No ano passado, ela era a única mulher numa viagem de 18 pessoas.

Y: Lá ela viu o Urso Negro.

X: É como todos o chamavam.

Y: Ele dirigia um caminhão de 18 rodas e cheirava a colônia barata.

X: Ele atravessava o país três vezes por mês.

Y: E contou a ela histórias divertidas sobre sua família.

X: Ela gostava do jeito como os olhos dele piscavam e nunca se preocupou em saber se o homem tinha família.

Y: "Cinco semanas a mais de trabalho", ela disse quando o telefone tocou novamente.

X: "Então estarei mergulhando no mar azul."

Comece com histórias curtas. Vá aumentando aos poucos.

Lembre-se: não se prenda à maneira como acha que a história deveria se desenvolver. Siga a deixa de seu amigo, permitindo que a parceria tenha sua própria vida criativa, independentemente do rumo que você deseja que a história tome. O que torna a colaboração tão prazerosa é o elemento surpresa. Permita que a história se desenvolva com sua total participação, mas livre de seu controle.

O Eros da canção

Quando tinha vinte e poucos anos, fiz um curso sobre xamanismo. No fim do seminário, devíamos nos aventurar na floresta com um saco de dormir e uma garrafa d'água e passar a noite sozinhos. Eu tinha feito amizade com um rapaz alto e desengonçado que escrevia histórias de ficção científica. Juntos, pegamos um caminho, até descobrirmos uma caverna onde abrimos nossos sacos de dormir e nos instalamos. Quando a noite caiu, ajeitamos duas velas no chão e começamos a cantar melodias inventadas na hora, que surgiam de acordo com o que sentíamos no momento. Nossas vozes se entrelaçavam, descobriam harmonias, e houve longos momentos em uníssono. Não estávamos nos tocando fisicamente e, mesmo assim, senti uma proximidade extraordinária.

Os duetos vocais podem soar como fazer amor, já que as vozes tocam e permeiam uma à outra. Sentimos esta intimidade musical quando dois vocalistas cantam bem juntos. Ouvimos suas vozes separadas, mas também a mistura do som das vozes – e o som que surge é o que nos emociona, as duas vozes se tornando uma.

Os hábitos do dia-a-dia vão embaçando o entusiasmo e a alegria em nossos relacionamentos com pares, amigos e filhos. Cantar junto com o outro pode aliviar este sentimento de monotonia. Não precisamos saber as letras das canções para cantarmos junto. Podemos inventar sons e melodias a qualquer hora, em qualquer lugar.

A prática

Quando estiver com uma pessoa de quem você gosta, façam uma pausa e cantem uma música que os dois conheçam.

Cantem juntos algumas vezes e então abandonem a letra e continuem cantando a melodia, com um *na-na-na* ou *la-la-la* ou *du-bi-du*. Quando se sentirem à vontade e firmes na melodia, improvisem juntos. Você pode acrescentar uma harmonia, um tom grave, um padrão repetido de notas ou apenas notas extras.

Se for fácil para você, tente improvisar uma melodia do nada. Uma pessoa começa com uma frase ou melodia simples, digamos, com oito batidas e usando apenas uma sílaba, como *na-na-na, la-la-la* ou *du-du-du*. Ela repete então esta frase simples muitas vezes. O parceiro se junta e os dois cantam em uníssono.

Quando a melodia básica estiver claramente estabelecida, comece a improvisar. Cante sem esforço, sem pensar, com tranqüilidade, deixando a composição se desenvolver em qualquer direção que a melodia escolher. Continue até que, juntos, achem um final.

Depois de uma rodada, repita a prática com outro par, introduzindo a frase inicial. E, lembre-se, mantenha-a simples. Talvez não seja fácil inicialmente, mas depois de um tempo de prática, vocês farão progressos e descobrirão o que podem realmente cantar juntos.

Cada vez que improvisarmos, o trabalho será diferente. Em vez de esperar uma ótima realização no dueto, aproveite a experiência em si porque ela certamente vai aprimorar nossa relação com o outro por meio do som e, lentamente, desenvolver nossa capacidade de relacionamento.

Fale com um estranho

São muitas as vezes em que estamos sozinhos, embora cercados de muita gente – no metrô, no escritório, nos parques, academias de ginástica, cinemas. Nós nos encerramos numa espécie de casulo e com isso perdemos a oportunidade de conhecer pessoas e experiências interessantíssimas.

Um dos prazeres de viajar é encontrar pessoas que geralmente não fazem parte do nosso meio habitual. Num trem, na França, conheci um homem especializado em música sacra russa, e enquanto passávamos pela Côte D'Azur, ele me emprestou seus fones de ouvido e fui inundada por harmonias divinas. Em Paris, conheci um jornalista especializado em espionagem soviética que me contou histórias de famosos espiões enquanto tomávamos limonada na varanda de um café.

Parece mais fácil começar uma conversa com estranhos quando estamos longe de casa, mas aprendi que posso fazer contatos igualmente agradáveis e enriquecedores perto de casa. As vidas das pessoas na imensa maioria das vezes têm aspectos fascinantes e todo um romance pode ser inspirado por uma conversa com um estranho. De repente, cai o manto invisível que nos separa e nos descobrimos conectados.

Durante uma palestra, um lama tibetano falou que quando esteve nos Estados Unidos pela primeira vez, se sentiu num reino divino – as luzes flamejantes, a comida abundante e fresca, os carros brilhantes, as roupas limpas e coloridas, tudo o que quisesse estaria ao seu alcance. Atravessando a Golden Gate, ele ficou deslumbrado pela visão da baía de San Francisco salpicada de veleiros e a cidade sob a luz do pôr-do-sol.

– A ponte é muito famosa porque as pessoas pulam dela para cometer suicídio – informou o guia.

O lama ficou estupefato. Como, sob aquele glorioso arco com uma vista divina, nesse reino de abundância, alguém sente a necessidade de dar fim a uma vida humana preciosa? Mas, depois de algumas semanas nos Estados Unidos, o lama começou a entender tal desespero.

Ele nos contou que, no Tibete, quando um morador de um vilarejo encontrava um estranho no caminho da montanha, os dois paravam para conversar. Uma conversa de natureza pessoal – sobre suas relações com suas mulheres, a política da cidade, os filhos. Então, depois de uma hora ou duas, os viajantes continuavam seus caminhos. O importante na vida não era o tempo, mas a qualidade do relacionamento humano.

Há muitos anos, um roteirista amigo meu foi contratado para desenvolver um roteiro sobre a destruição da Amazônia. Durante muitas semanas de pesquisa na região, conheceu um xamã de nome Davi Kopenawa Ianomâmi. "Quando o homem branco veio, a primeira coisa que nos deu foram suas doenças", explicou o xamã. "Os ianomâmis têm cura para suas próprias doenças; isso faz parte do acordo entre o povo e a floresta. Mas os ianomâmis não têm cura para as doenças dos brancos. Eu vi a civilização do homem branco... suas cidades, sua infelicidade. Todo mundo aqui está morrendo da tristeza, das doenças dos brancos e da doença do coração deles."

Se devemos nos curar da doença da solidão que a vida moderna acarreta, nós mesmos devemos achar o remédio.

A prática

Na mercearia ou no cinema, no ônibus ou no metrô, num café ou numa livraria, no aeroporto, na academia, escolha alguém que você não conhece para iniciar uma conversa. Seja amigável. Faça perguntas. Demonstre interesse e atenção.

Você pode realizar esta prática por uma ou duas semanas. A cada dia fale com um estranho e, a cada dia, documente o encontro com uma fotografia, uma anotação no diário, um desenho, um pequeníssimo conto. Nossa experiência de vida é transformada quando nos unimos a outra pessoa.

Só podemos acabar com a epidemia do isolamento se fizermos contato. Não podemos esperar que a nossa cultura mude por um ato de boa vontade universal. Nós é que somos os instrumentos da boa vontade: através de nossas palavras e ações, reconhecemos não estar sozinhos nesta Terra, mas em companhia de outros.

"... podem se passar muitos anos até que você descubra que o estranho com quem falou por meia hora na estação de trem fez mais por você do que seu confessor, seu melhor amigo e até seu psiquiatra."

FREDERICK BUECHNER

Raiva transformada em arte

Tenho um grande amigo com quem gosto especialmente de debater qualquer assunto, pois ele tem sempre pontos de vista originais que promovem descobertas. Mas, uma noite, começamos um discussão exaltada e desagradável. Depois de uma hora, ele me interrompeu no meio de uma frase e disse: "Esse seu ponto de vista está completamente errado." Imediatamente repliquei: "Lá vem você com esse seu jeito de dono da verdade, sem me deixar completar o raciocínio." Paramos um instante, trocamos um olhar atravessado e começamos a rir da nossa própria veemência. Voltamos à nossa discussão, mas os sentimentos de um em relação ao outro tinham se suavizado e pudemos nos ouvir com mais calma.

Quando nos envolvemos numa discussão acalorada com um amigo, podemos ficar tão obcecados em relação a um determinado ponto, que perdemos a noção de quem a outra pessoa é e o que significa para nós. Ela se transforma num oponente que queremos derrotar. Nas sessões de psicoterapia aprendemos que muitas vezes projetamos velhas feridas e personagens da infância nas situações atuais e nas pessoas com quem convivemos. E mesmo sabendo disso, no momento da discussão não conseguimos controlar nossa exaltação.

Quando nos sentimos feridos pelo outro, não há compreensão possível. É importante tomar consciência disso e parar um pouco, respirar fundo e esperar a exaltação abrandar para retomar o assunto. Mas também podemos aprender como diminuir as dificuldades psicológicas, introduzindo um elemento de brincadeira nos relacionamentos exatamente no momento de maior dificuldade.

Brincar talvez não seja a solução definitiva para os conflitos, mas pode ser um método para suavizar os pontos de vista aos quais nos agarramos, fazendo surgir o entendimento que permite chegar a acordos.

Um dos principais ensinamentos do monge budista Thich Nhat Hanh é que a compaixão surge do entendimento. A fórmula para solucionar os conflitos não é provar que nosso ponto de vista é objetivamente verdadeiro e que nossas necessidades individuais são de algum modo mais importantes, éticas e substanciais que as do outro. A solução dos conflitos está em entender que todos os pontos de vista são subjetivos. Quando transformamos nossos ressentimentos em arte, começamos a nos tornar capazes de ver o outro e a escutar sua verdade, que é tão subjetiva quanto a nossa.

A prática

PUGILATO COM A PINTURA

Da próxima vez que discutir com seu cônjuge, namorado ou amigo, pai ou mãe, irmão ou filho, reúna material de pintura ou desenho. Cole uma grande folha de papel na parede ou abra-a sobre a mesa de jantar ou mesmo no chão. Durante a discussão, os dois vão pintando o papel, um interferindo no desenho do outro. Joguem tinta sobre o papel, espalhem a tinta sobre ele, usem os dedos, como no jardim-de-infância.

Se preferirem, usem canetas ou lápis coloridos, giz, lápis de cera. Se não tiverem uma folha de papel, cubram a parede ou a mesa com jornal e o usem como tela.

Trabalhem movimentando todo o corpo, permitindo que cada traço seja uma expressão física de qualquer sentimento surgido naquele momento.

Façam traços raivosos que machuquem o papel. Traços enormes, com vigor. Ou, num canto, façam traços pequenos, apenas rabiscos. Se usarem toda a folha de papel, apanhem outra.

Se não conseguir realizar esta prática com a pessoa com quem está brigando, faça com um amigo. Reúnam-se, abram o papel e façam arte.

Sete

Avivando o amor

O jogo sagrado da paixão

"Amar é como lutar com relâmpagos, dois corpos enlaçados por um doce mel."

PABLO NERUDA

Na cama com imaginação

"Não há nada mais estimulante do que ser criativo no amor... O segredo para o sucesso não é fazer o que ele (ou ela) esperaria, mas dar lugar ao imprevisto e ir aonde nunca se esteve antes."

LOU PAGET

Nossas experiências no amor são em parte físicas e em parte imaginativas. O sexo tem pouco a ver com nossas mentes racionais e muito com estímulos primários, condicionamentos antigos e as histórias que contamos a nós mesmos, ainda que não tenhamos consciência disso. Jogos espontâneos trazem à tona energias que vivem submersas transformando o quarto de dormir num espaço de alegria sagrada.

A excitação erótica é intensificada pelo imprevisível, mas embora a maioria de nós anseie por novidade, resistimos em introduzir novos jogos em nossos relacionamentos estáveis e verdadeiros. Podemos experimentar uma nova posição erótica ou usar uma lingerie transparente para um encontro com um amante, mas imaginar fazer o mesmo com nosso companheiro de muitos anos nos enche de vergonha. Introduzir jogos e rituais no quarto do casal pode demandar uma dose de coragem até para pessoas mais ousadas, mas mesmo uma tímida inovação pode trazer grandes recompensas.

A utilidade deste capítulo está nas práticas. As brincadeiras e jogos levam ao ato do amor uma dimensão que nenhuma técnica pode substituir. A diversão é um dos aspectos do amor mais profundo e menos discutido – a capacidade de rir de nossos desejos e medos. A vida pode provocar uma boa gargalhada e um maravilhoso orgasmo se dispusermos dos meios que nos ensinam como nos divertir.

Mas prazer e diversão não são os únicos benefícios resultantes dos jogos do amor. Quando podemos nos expressar livremente neste ato, experimentamos uma profunda sensação de intimidade. Quando deixamos transparecer o que está dentro de nós, conhecemos um ao outro mais completamente, usufruímos um do outro mais verdadeiramente e nos apaixonamos pelo nosso parceiro e pelo mundo de forma renovada.

Preparando o lugar

Jack morava num lugar feio e barulhento, povoado por casas malcuidadas e terrenos baldios cheios de lixo. Eu tinha de passar por tudo isso para chegar à porta da frente. Quantas vezes, na calçada, eu me perguntei o que, afinal, estava fazendo ali. Mas, quando entrava, todas as dúvidas sobre a escolha do meu amante se evaporavam. Numa noite, um caminho de tulipas vermelhas levava à cama, circundada por castiçais. Em outra ocasião, o quarto estava na mais completa escuridão, exceto pela cama, iluminada por pequenos focos de luz de cores diferentes. E havia no ar um sutil perfume. O jeito como ele arrumava o nosso canto me atraía e me excitava.

O quarto é o teatro do amor. No teatro gostamos da fantasia – e é o cenário que nos faz crer na fantasia. Conforme a história acontece no palco, entramos num espaço imaginário, e ao mesmo tempo permanecemos como membros da platéia. Nessa simultaneidade, ingressamos numa vida diferente sem abrir mão da que já temos – e gostamos disso. Gostamos também da simultaneidade que acontece no quarto. Nossa libido se acende quando nos é permitido ser outra pessoa em um lugar diferente, enquanto permanecemos sendo nós mesmos e no nosso quarto.

E há também o aspecto da comida.

Era a manhã do dia de Ano-Novo e eu estava num hotel japonês em San Francisco com um homem que me atraiu no momento em que pus os olhos nele. Depois de uma semana de bate-papos em jantares e passeios na floresta, decidimos passar a noite juntos antes que ele voltasse para casa. De uma bandeja de frutas ele escolheu um morango e me deu para morder, colocando na própria boca o pedaço restante. O gosto do morango se demorando na minha boca e as pequenas sementes estalando entre meus dentes me deixaram acesa, enquanto o via fazer desaparecer na boca a fruta suculenta com as marcas dos meus dentes. Cada pedaço de melancia, abacaxi ou manga era uma maravilha erótica. Embora eu não recomende que alguém se apaixone por um homem que está voltando para casa distante milhares de quilômetros, recomendo atender ao Eros do sabor, oferecendo alimentos de vez em quando – chocolates, champanhe, suco de damasco, ostras, mangas, profiteroles – para intensificar o seu prazer.

E aí entra a música.

Meu amigo Jim era um artista performático. Uma noite, antes de irmos para a cama, ele colocou *Drumming,* de Steve Reich, uma peça de trinta minutos de puro ritmo que começa devagar e simples e vai num crescendo até se tornar forte e vigorosa, criando um estado de exaltação que se traduziu em nossos gestos e nos levou a descobrir maneiras diferentes de fazer coisas na cama.

Às vezes você não quer música, quer apenas os sons da respiração, dos gemidos, suspiros, murmúrios e de um grito ocasional. Mas, outras vezes, você quer música, do mesmo modo que quer música para dançar. A música muda a maneira como você se sente, injetando energia no corpo. Quando os dois ouvem a mesma música, os corpos entram em sintonia e a mente se entrega, os pensamentos dando lugar às sensações, o que nos dá muito prazer.

A prática

Preparar um quarto para o ato do amor pode ser muito simples – basta mexer na iluminação. Um amigo meu colocou ao longo dos rodapés de sua casa velas votivas – muito religiosas e sensuais. Colocar luzes de Natal na cabeceira da cama pode ser divertido, e uma lâmpada colorida e suave no abajur ao lado da cama pode fazer o quarto todo ficar diferente. Ou você pode comprar um globo espelhado, pendurá-lo no teto e ligar um estroboscópio.

Mas por que nos preocuparmos com a iluminação? Normalmente, no quarto em que dormimos noite após noite, a forma e os contornos são tão familiares que podemos chegar ao banheiro de luz apagada e alcançar o despertador de olhos fechados. Embora este nível de conforto facilite a vida diária, não é exatamente favorável para o jogo erótico. Eros responde à aparência das coisas. Sobre a cômoda, ponha maçãs verdes, ou, em recipientes com água, velas flutuantes e flores. Cubra a cama com pétalas de rosa, deixe plumas à mão. Divirta-se.

Use a imaginação. Use o que estiver à mão. Use frutas da estação. Dedique cinco minutos, dez ou quinze para fazer do lugar do encontro amoroso um parque de diversões para os deuses.

Óleos, abluções e bênçãos

Recentemente, um amigo me falou de sua nova namorada. "Na primeira vez em que fizemos amor", disse, "ela se ajoelhou na minha frente, tirou minhas roupas, uma peça de cada vez, dobrando-as e colocando-as cuidadosamente ao lado dos meus pés, sem dizer uma só palavra." Ele fez uma pausa, e me surpreendi ao ver que estava emocionado. "Eu nunca me senti tão bem tratado", confessou. Meu amigo sofrera abuso sexual quando criança, e até aquele momento em que a namorada se ajoelhou à sua frente, como se o estivesse adorando, e o despiu devagar para revelar sua nudez, jamais sentira seu corpo como algo que merecesse reverência.

Tratamos rudemente nossos corpos, esquecendo que merecem nosso respeito. *Cale a boca*, dizemos às nossas costas que doem por ficarmos sentados mais tempo do que deveríamos. Engolimos a comida correndo, saímos apressados, respirando superficialmente, e depois nos queixamos: *Meu corpo está supertenso.* No ato do amor é importante lembrar a nós mesmos e ao outro que nosso corpo é sagrado. Uma das formas de fazer isso é através de abluções e unções.

Assisti a um ritual com um xamã do Equador, famoso pela maneira como cantava suas orações. Ele montou um altar e começou a pedir ajuda aos espíritos entoando cânticos sobre uma tigela em que colocara flores aromáticas maceradas, retiradas da floresta tropical. Depois, aspergiu a água em nós, e eu me senti abençoada por aquelas gotas perfumadas.

Quando realizamos rituais com nossos corpos, tocamos o coração e a mente. Ao realizar um ritual físico, passamos uma mensagem ao subconsciente através do corpo: estamos mudando de atitude, e assim nos preparando para que nosso amor não seja apenas um prazer corporal, mas que nos envolva inteiros. E não precisamos depender de xamãs – podemos abençoar e ungir um ao outro.

A prática

Um deve despir o outro, uma peça de roupa de cada vez. Preparem um banho com os aromas de que mais gostarem. Borrifem água com essência de lavanda ou de rosas nos rostos e nas plantas dos pés. Passem um óleo fino e uma loção perfumada sobre a pele nua. Acendam um bastão de incenso e com a fumaça desenhem o contorno do corpo um do outro. Enquanto fizerem isso, abençoem todas as coisas.

Bênçãos não precisam ser complicadas nem criativas, podem ser apenas proferidas. No budismo há uma clássica bênção para o bem-estar que é direta e simples: "Que você seja feliz, que você fique em paz." Votos de paz e felicidade são sempre uma boa forma de começar. Assim, formule suas próprias bênçãos e votos para seu parceiro.

A gratidão aquece os corações. Diga ao seu amor o que aprecia nele. "Agradeço pelos músculos dos seus braços", ela diz. "Agradeço pelo cheiro da sua pele", ele diz. "Agradeço por seus lábios que me dão prazer", ela diz. "Agradeço pelo sinal que há entre seus seios", diz ele, beijando o sinal. Vá além das características físicas, fale dos aspectos sutis do outro. "Gosto quando você ri franzindo os olhos", ela diz. "Gosto do jeito como você inclina a cabeça para o lado e aperta os lábios quando está tentando compreender instruções", ele diz.

Fazer e receber votos de paz e felicidade, e dizer o que nos dá prazer pode fazer surgir sentimentos profundos de amor e gratidão. Quando o prazer sensual e o amor verdadeiro se entrelaçam a ponto de serem inseparáveis, nós nos tornamos o que os textos sagrados prometem: deuses e deusas num abraço divino.

Sejam inventivos. Sejam brincalhões. Sejam irreverentes. Façam carinho com penas de pássaros, colares de pérolas e as pontas suaves de ervas. Façam chocalhos com vidros de aspirina e caixas de fósforos e balancem ao redor dos corpos um do outro. Com chantilly, desenhem símbolos sobre os troncos, bumbuns e testas. Lambam as faces, o pescoço, a nuca. Beijem os dedos dos pés. Façam cosquinhas nas costelas. Façam bonecos com camisinhas, invocando o deus Eros e dêem boas gargalhadas.

Um toque de arte

Há alguns anos, eu me encontrava em Zagreb para uma apresentação num festival internacional de dança e minha amiga Malena, cujo namorado estava fora da cidade por algumas semanas, insistiu para que ficasse com ela no apartamento. Todas as noites repartíamos a grande cama de casal, e depois de comentar os acontecimentos do dia, passávamos a confidências sobre nossas vidas amorosas.

Malena, que tem uma linda pele cor de oliva, cabelo negro e espesso e sangue cigano, conhecera o namorado alguns anos antes de se apaixonarem – faziam parte de um grupo da escola de cinema que todas as noites se reunia num bar perto do prédio de Malena. Uma noite, ela estava sentada com os amigos num muro de pedras em frente ao bar, balançando as pernas e fumando um cigarro, quando Boric se aproximou. Enquanto a conversa corria solta, Boric delicadamente traçou com a mão um círculo em volta do tornozelo de Malena.

– Foi uma sensação deliciosa, e eu gostaria que ele me tocasse daquele jeito novamente – murmurou Malena. – Estamos juntos há dois anos e parece que ele se esqueceu das sutilezas do amor.

O toque sutil e sábio pode fazer surgir ou despertar o amor adormecido. Se observarmos bem, o corpo tem uma arquitetura, e quando somos tocados de uma forma que traça seu desenho, sentimos que estamos sendo tocados por mãos sábias que estão ao mesmo tempo nos conhecendo e nos dizendo quem somos. À medida que a consciência de nossa estrutura desperta – a maneira como os ossos se agrupam e os músculos se colocam sobre os ossos, o contorno da barriga, a curva do peito, a projeção do nariz, a saliência dos dedos dos pés – experimentamos um bem-estar sensual. Podemos dar prazer um ao outro percorrendo os corpos, desenhando-os como são.

A prática

Trace com delicadeza e atenção o corpo de seu parceiro, sentindo a forma e as articulações dos ossos sob os dedos. Desenhe a coluna, as omoplatas, a pélvis, as costelas, braços e pernas, os dedos dos pés e das mãos.

Trace as curvas do corpo, delineando os olhos, os lábios, o peito, a barriga, o bumbum. Conheça os ângulos, as cavidades, as saliências, as protuberâncias, os orifícios. Deixe que os dedos reúnam informação sobre os músculos e os ossos, os rios de veias e artérias. Cada um de nós é uma extraordinária obra de arte. O toque nos faz tomar consciência da forma de nossos corpos e desperta a pura sensualidade de estar vivo num corpo.

Faça isso por cinco, dez minutos ou apenas um. Cada vez que tocamos com a mão atenta, sentimos prazer, cuidamos e amamos.

Ser tocado é normalmente bastante agradável, mas *tocar* talvez pareça trabalhoso. No entanto, pode ser divertido e cheio de prazer. Para aumentar nosso prazer ao tocar, podemos imaginar o corpo do outro como uma tela em que desenhamos linhas, espirais, círculos e triângulos. Os toques podem ser longos, curtos, apenas com a ponta dos dedos, ou toques largos, com a palma das mãos. Podemos descobrir toques para a sola dos pés, as pálpebras, o bumbum, os joelhos.

Muitas vezes me surpreendo ao descobrir como, em apenas um minuto de toque carinhoso, meu humor muda, meu espírito se acalma, minha sensação de bem-estar aumenta. Quando estiver no sofá lendo jornal com seu parceiro, pare por um instante e toque o braço ou as mãos dele, falando carinhosamente de sua beleza.

Contato

Yani Novak, uma colega de dança, convidou amigos para experimentarem uma improvisação de movimento que ela chamou *boko maru*. Yani mandou que escolhêssemos um parceiro e deu instruções sobre o ritual do lava-pés. Revezando-nos, colocamos os pés nus do parceiro numa bacia de água morna e espumante, esfregamos as solas, massageamos os tornozelos, acariciamos os arcos dos pés e secamos a pele com toalhas mornas. Em seguida, Yani pediu que deitássemos de costas com as solas dos pés pressionando as de nosso parceiro. Quando sentíssemos vontade de nos movimentar, devíamos seguir o impulso mantendo o contato físico à medida que o movimento se desenvolvesse.

Lembro-me da sensação de conforto do início: solas de pés contra solas de pés, terminações nervosas mornas e estimuladas. Então, o primeiro sinal de movimento, um dedo do pé deslizando em direção a um tornozelo, um canto de pé encaixado num arco de pé. Então, meus pés começaram a subir pelas pernas de minha parceira e os pés dela pelas minhas, até que estávamos rolando. Deitei-me sobre as costas dela e depois me lembro do seu corpo pressionando minhas costas enquanto eu a carregava, sentindo com prazer o peso de seu corpo. E, finalmente, quando Yani nos disse para terminar, só as pontas de nossos dedos ainda se tocavam, num movimento lento e calmo. Lembro-me depois da sensação de plenitude proporcionada pelo prazer de tanto toque.

Um ano depois, Steve Paxton veio nos ensinar a improvisação de contato. Mais uma vez me vi aninhada em corpos, rolando e me movimentando em cima das costas de outras pessoas, dançando durante horas, motivada apenas pela alternância de pontos de contato físico. Quando fui me encontrar com meu namorado, um pintor que não se interessava por dança, percebi que meu relacionamento com os colegas dançarinos tinha assumido um aspecto de intensa sensualidade que não existia no meu namoro. Uma porta se abrira inteiramente para o universo do toque, do movimento e da brincadeira, colocando um mundo de possibilidades. Senti que, a partir dali, eu não podia me satisfazer com coisa alguma menos prazerosa. Meu corpo tinha aprendido muitas coisas que eu ensinei ao meu namorado, e juntos fizemos da cama um salão de dança.

Ao estudar a improvisação de contato, muitos exercícios preliminares são oferecidos para que se aprenda como fluir a partir do toque, e todos os exercícios são prazerosos. Quando ensino estes exercícios em meus seminários, depois de uns minutos de risos nervosos e cochichos, a sala fica em completo silêncio, pois o foco muda da mente para o corpo. O corpo sabe o que fazer, sabe o que o faz sentir-se bem e sente prazer quando nos rendemos ao chamado do toque.

Levando nosso parceiro a práticas que são fisicamente íntimas, mas não explicitamente eróticas, expandimos o território do nosso prazer. Se pesquisarmos o leque de possibilidades para o toque quando estivermos na cama, teremos cultivado todo um novo vocabulário de amor.

CONTATO DE MÃO

Fique de frente para seu parceiro, feche os olhos e deixe que suas mãos se toquem. Permita que o movimento surja a partir do toque dos dedos e das palmas das mãos e comece mexendo apenas as mãos.

Continue, permitindo que o ponto de contato suba do antebraço até o braço, e em seguida até o ombro. Se você se sente bem e o movimento flui, deixe que o ponto de contato continue a mudar, indo para as costas e a cabeça. Experimente deixar o peso do seu corpo apoiar-se no do seu par, o corpo dele se apoiando no seu.

Comece este trabalho com bastante calma, uma etapa de cada vez. Deixe que o contato faça você dançar, e trabalhe até sentir que está na hora de concluir.

BOKO MARU

Uma ótima maneira de iniciar *boko maru* é um lavar os pés do outro, massageando os tornozelos, os arcos e dedos dos pés, e secando em seguida com uma toalha aquecida. Então, deitem-se de costas, com as solas dos pés descalços se tocando. Fiquem um minuto sem se mexer. Quando sentirem vontade de começar, mexam os pés, mantendo contato com os pés um do outro. Sigam os impulsos que surgem do contato e, lentamente, permitam que o contato passe a outras partes do corpo. Vão até onde tiverem que ir, sentindo prazer com o contato.

Cenário natural

Uma amiga contou-me sobre um ritual realizado pelas mulheres de uma tribo da Amazônia. Ao se preparar para um encontro amoroso em algum lugar da floresta, a mulher coleta folhas que brilham no escuro e as cola sobre a pele. O corpo nu cheio de pontos brilhantes torna-se uma sedução irresistível.

O fato de podermos ser motivados pela maneira como um corpo é enfeitado envia montes de pessoas apressadas aos shoppings em busca dos objetos mais inusitados para encantar seus parceiros. Nós nos vestimos e nos enfeitamos para seduzir esquecendo que há maneiras de brincar com o Eros do embelezamento do corpo que exigem menos esforço e consumo. Como as mulheres na Amazônia, podemos usar o que é oferecido de graça pela natureza para enfeitar nossos corpos.

A prática

Se estiver no campo, saia com uma cesta ou uma sacola de papel e recolha o que lhe agradar: flores, galhos, penas, pequenas pedras, flores, capim, frutinhas, conchas, pedacinhos de madeira, areia. Se estiver na cidade, vá a um parque.

Enfeite o corpo de seu parceiro com qualquer coisa que tenha recolhido. Talvez você faça uma trilha de pedrinhas pelo meio do corpo dele – uma na testa, uma sobre o coração, uma no meio da barriga. Pode colocar uma única folha fresca sobre cada olho ou salpicar pequenas flores sobre seu peito. Enfeite o corpo de seu parceiro da maneira que achar mais prazerosa e divertida.

Eu passeava pelo bosque perto de casa com um amigo. Terminara um relacionamento havia pouco e estava decidida a ficar sozinha. Paramos para descansar sob um carvalho, e meu amigo colheu um miosótis e o segurou, rodando-o entre os dedos. Então, como se por acaso, bateu de leve com a flor azul na minha perna nua. Não houve outro tipo de contato físico naquela tarde, mas isso foi semanas antes de nos beijarmos. Ali no bosque, percebi, num momento poderoso, que nos tornaríamos amantes. Não pude resistir ao toque do miosótis.

A prática (continuação)

Ao realizar a prática com elementos naturais, empreste uma intenção a cada objeto colocado sobre o corpo de seu parceiro, de modo que você acompanhe as sensações recebidas. Uma folha fresca em cada pálpebra relaxará os olhos. Um monte de pedrinhas no baixo-ventre suavizará a parede abdominal.

Descubra as partes do corpo sensíveis ao toque suave – a parte interna das coxas, a parte posterior dos joelhos, o pescoço, o peito, as solas dos pés, a barriga – e toque essas partes com uma pena, uma flor, um capim macio ou uma pedra morna.

À procura do lugar

Uma noite, no meio de um beijo, Fred pulou do meu sofá e começou a mudar os móveis de lugar. Eu o conhecia havia apenas algumas semanas e o considerava um cara quadrado, pouco comunicativo, louco por computador. Observei, sem achar graça, como encostou uma mesinha numa parede para abrir espaço e começou a empurrar meu sofá pela sala. Ele se recusou a me explicar o que tinha em mente e eu, de pé, já pensava nas palavras de despedida: *Realmente gostei de sua companhia, mas...* Fred colocou o sofá exatamente em frente à lareira, usou um acendedor instantâneo e me fez deitar ao seu lado. Abraçados diante do fogo que brilhava, Fred subiu muito no meu conceito – a locação era excelente.

Numa tarde de domingo, algumas semanas depois, Fred me abandonou no meio de um abraço e desapareceu no quintal. Encontrei-o com um pedaço de tecido macio que colocou sobre a relva, ao lado de um canteiro rodeado de íris, no jardim banhado pelo sol. Depois de deitar-me nele, tirou do bolso um vidro de óleo de massagem perfumado e mandou que eu ficasse parada enquanto ele acariciava meu corpo com o óleo. Desisti de pensar nele como um homem pouco comunicativo que só se interessava por computadores.

Onde estamos afeta *como somos.* Freqüentemente, no início de um relacionamento amoroso, a paixão é tão grande que nos flagramos seminus sobre a mesa da sala de jantar ou encostados na parede da cozinha. A novidade da situação solta nossas amarras, e fazemos amor sem censura. Mas o nosso desejo de desenvolver relacionamentos satisfatórios e duradouros, nos faz correr o risco de cair na rotina. Felizmente, para escapar deste risco, podemos recorrer a lugares diferentes para renovar a excitação dos primeiros tempos.

A prática

Prepare um ninho de amor. Antes do encontro ou durante o encontro, dentro de casa ou no jardim, desde que a privacidade esteja garantida. O importante é a intenção e a disposição motivadas pelo desejo de manter acesa a exaltação amorosa e de garantir tanto o prazer e a alegria do relacionamento quanto sua duração no tempo.

Lembre-se que pode preparar o lugar antes, ou confiar na inspiração do momento. Afaste-se em meio a um abraço apertado e leve o parceiro a algum lugar. Escorregue para debaixo da mesa da cozinha, mergulhe atrás do sofá ou delicie-se sob o chuveiro.

Por mais prazer que essas iniciativas possam nos trazer, hesitamos em inventá-las e tendemos a nos acomodar ao habitual. No entanto, você vai descobrir que fazer um acordo com o marido ou o amante para adicionar o elemento da brincadeira na relação sexual, pode ajudar os dois a se sentirem autorizados para agir conforme seus impulsos, em vez de rejeitá-los. Pode ter certeza: quando você se dispuser a encontrar um novo lugar para fazer amor com seu parceiro, não terá de se preocupar com a ação – o impulso surgirá espontaneamente, e levará vocês para dentro da água do mar, deliciosamente enlaçados, numa noite de verão, iluminados pela lua cheia.

Assumindo um personagem

Às sete da noite de uma sexta-feira, meu amigo Mark e eu enfrentamos um trânsito insuportavelmente engarrafado a caminho de uma festa. Mark é inglês, e como sou atriz, resolvi imitar seu sotaque. Mark achou graça e passou a me responder com um exagerado sotaque americano. Dissemos as coisas mais absurdas um ao outro, morrendo de rir.

Depois, no meio dos carros parados, resolvemos falar como sábios indianos, afirmando máximas de sabedoria inventadas na hora. Pulamos de personagem em personagem, acrescentando gestos, expressões faciais, arroubos de emoção, expressando qualquer coisa que nos viesse à mente, sem parar para avaliar se as palavras eram apropriadas, faziam sentido ou podiam ofender.

O tempo passou voando, e quando finalmente chegamos à festa, percebemos que tínhamos de voltar às nossas próprias personalidades antes de entrar. Foi necessário um esforço para voltar aos nossos eus normais.

Brincar abre o coração e permite que nos escondamos menos um do outro. Em vez de sermos cuidadosos, protetores e educados, ficamos livres, soltos e insubordinados, e deixamos vir à tona dimensões normalmente encobertas pelo verniz do comportamento convencional. Quando sentimos que há permissão para revelar nossa vida interior – os personagens mal-educados, irritados ou namoradores que descarregam sabedoria cósmica – e assistimos nosso parceiro também a se expor, passamos a usufruir muito mais da companhia um do outro.

A prática

Quando estiver com seu parceiro – no carro, jantando num restaurante, tomando café da manhã – mudem suas vozes e continuem a conversar. Podem escolher um sotaque, adotar outro tipo de voz, ou o tom com que falam (uma voz muito alta, ou muito baixa, estridente ou áspera). Podem usar o mesmo sotaque (dois nortistas conversando, ou dois franceses) ou podem falar com vozes diferentes (um com a voz bem rude e a outra com a voz bem suave, insinuante).

Não se preocupem com o rumo da conversa. Se você não estiver gostando da voz que escolheu, mude para outra.

Sei que este exercício também pode parecer intimidador, e mais uma vez, vou insistir que o experimente. Leve a brincadeira para a cama. Enquanto estiver fazendo amor comece uma conversa como se fosse um personagem. Cante como se estivesse numa ópera, ou fale em francês, em espanhol, em alemão ou numa língua inventada. Personagens que você nem imagina vão aparecer. Talvez encontre um personagem de que goste especialmente. Continue. Quando se cansar, procure outro. Continue. Não se preocupe em planejar o que vai se tornar. Simplesmente altere a voz de uma maneira ou de outra e deixe que todos os personagens que habitam em você fujam da sua prisão de silêncio.

Oito

Em reunião

Jogos em grupo

"O ator é capaz de vislumbrar em si mesmo um pavor do tamanho da própria vida. Ele é capaz de passar deste terror para uma alegria tão doce que não tem limites."

JOSEPH CHAIKIN
The Presence of the Actor
(A presença do ator)

Sangha

De muitas formas, a questão da criatividade em grupo é o principal assunto deste livro. Podemos experimentar pessoalmente grande liberdade de expressão, assim como podemos aprender a nos divertir espontaneamente com um parceiro, mas se não conseguirmos formar uma comunidade com um grupo de amigos, continuaremos vivendo num mundo partido. Thich Nhat Hanh disse que em cada era surge um Buda – uma pessoa de grande sabedoria espiritual cujo esplendor toca multidões. Ele prevê que o próximo Buda não será um indivíduo, mas a *sangha*, a comunidade de pessoas dedicadas a abrir os corações e as mentes, cuja ação terá um profundo efeito no desenvolvimento da história humana. *Nós* seremos o Buda se, como comunidade, tivermos a coragem de dedicar nossas vidas à expansão da sabedoria e da compaixão.

Vivemos profundamente entrelaçados e tudo o que fazemos envia ondas de energia que atingem todos os seres. Podemos cantar sozinhos, mas só haverá harmonia se cantarmos em coro. Podemos dançar sozinhos, mas só experimentaremos a alegria da energia tribal quando dançarmos juntos. Podemos rezar e meditar sozinhos, mas quando rezamos e meditamos em conjunto alcançamos outro patamar. Ao desenvolvermos ações em comum, saímos do nosso isolamento e curamos não apenas nossas feridas individuais, mas também as feridas do mundo.

Ofereço dois tipos de práticas em grupo – na primeira, todos trabalham ao mesmo tempo; na outra, uma pessoa ou um par trabalha e os demais observam. Apesar de termos um tremendo receio de nos expor, também desejamos ser vistos (mesmo que não admitamos). A platéia transmite energia para aquele que atua, e este, alimentado pela energia da atenção, pode alcançar níveis de clareza, sabedoria e excelência que não alcançaria sem a presença do observador.

A prática

Quando se reunir com amigos ou com a família, depois do jantar ou numa festa, no carro ou num piquenique, tente cantar. Convide cada pessoa para cantar sozinha uma canção que tenha significado para ela.

Todos nós sabemos a letra de pelo menos uma canção. Não se preocupe em cantar afinado, ter um microfone ou acompanhamento musical, nem lembrar todas as palavras. Você pode cantar suavemente ou em altíssima voz. Cante apenas com o coração, intensamente. Com sentimento. Com gosto. Com arrebatamento.

Palestra simultânea

Muitas vezes falamos de coisas que não conhecemos bem procurando impressionar nossos interlocutores. Isto gera uma tensão, porque a todo momento nossa ignorância sobre o assunto pode ser denunciada. A palestra simultânea é diferente. Fazer uma palestra sobre um tema obscuro que assumidamente desconhecemos dá algum alívio, porque a nossa competência vai ser aplaudida, não pelo nosso conhecimento do assunto, mas por nossa perícia em conseguir fazer um discurso sobre algo que ignoramos.

Na primeira vez em que participei, fiquei muito preocupada porque de fato não tinha qualquer noção sobre o tema que iria expor. Mas, ao começar a palestra, fiquei impressionada ao verificar a facilidade com que as teorias mais estapafúrdias saíam facilmente da minha boca, e como eu discursava como se soubesse realmente sobre o que estava falando, quando, na verdade, estava inventando tudo. Naquele momento me dei conta que normalmente finjo saber mais do que sei. Todos fazemos isso, porque imaginamos que nosso valor como seres humanos se baseia na quantidade de informação que acumulamos. Enquanto eu falava, todos os que me escutavam sabiam que eu ignorava totalmente o assunto, e portanto não esperavam nada de mim. Isso é o que torna o jogo tão divertido: a permissão para abertamente falar bobagens.

Enquanto você dá a palestra, outra pessoa faz o mesmo. As duas falam simultaneamente para a mesma platéia. E, além de delirar discorrendo, por exemplo, sobre a história e o uso da agulha de tricô na Sardenha durante a era pré-rafaelita, ou a construção dos espartilhos com ossos de baleia e a economia da Nova Inglaterra após a revolução, cada um tem de incorporar aqui e ali nos seus discursos alguma coisa usada pelo companheiro. Por exemplo, um dos dois pode dizer: "As agulhas de tricô na Sardenha eram feitas do cerne do pinheiro azul esculpido em agulhas medindo trinta centímetros, com o diâmetro de um centímetro. As agulhas eram então esfregadas com uma pedra negra para aparar as arestas." O outro por sua vez diz: "Nos espartilhos da Nova Inglaterra, além de se utilizarem ossos de baleia, usava-se casca do pinheiro azul tirada à mão, devido à sua maciez e maleabilidade."

Para realizar esta tarefa, você tem de prestar atenção no que seu companheiro está dizendo. A capacidade de falar ao mesmo tempo que outra pessoa, ouvindo o que ela diz é útil para aqueles que improvisam. As platéias ficam impressionadas quando duas histórias surgem ao mesmo tempo e magicamente se entrelaçam. Mas, mesmo se não temos a intenção de um dia realizar uma improvisação juntos, praticando essa incorporação de discursos desenvolvemos a capacidade de fundir as idéias de outra pessoa com as nossas e não cair na tendência mais usual de nos recusarmos a admitir os conceitos alheios.

A maioria de nós tem medo de falar em público: o coração dispara, o estômago embrulha, o suor jorra. Mas se conseguirmos suportar este desconforto e continuar, descobriremos que gostamos de ser o centro das atenções. A Palestra Simultânea é uma prática que pode nos ajudar a desenvolver alguma tranqüilidade diante de uma platéia. À medida que ganhamos confiança em nossa capacidade de improvisação, ficamos mais capazes de participar de reuniões de grupo – reuniões profissionais, jantares, fóruns. A ansiedade pode não desaparecer de todo, mas certamente estaremos mais confiantes.

A prática

Duas pessoas se oferecem para falar. Duas outras do grupo oferecem temas para a exposição. Estejam certos de que os que vão falar não sabem *rigorosamente nada* sobre os tópicos. Se admitirem conhecer alguma coisa sobre o assunto, escolham outro tema ou outras pessoas.

Exemplos de temas:

O uso da caligrafia no Cazaquistão entre 1702 e 1706 e como influenciou o comércio de cavalos.

Os cantos da Grécia Antiga usados na preparação de partos, comparados com as tonalidades usadas na ópera chinesa no século XV.

Os palestrantes falam simultaneamente sobre os temas e incorporam palavras soltas ou frases que ouviram o outro falar. Por exemplo, uma pessoa diz: "As pontas de canetas usadas pelos cazaques eram feitas dos bicos de um pássaro de penas azuis encontrados nas regiões do extremo norte do país." Seu companheiro pode estar dizendo ao mesmo tempo: "Era um costume popular grego nas regiões do extremo norte do país as mulheres uivarem enquanto faziam um círculo em volta daquela que dava à luz."

A tarefa consiste em, além de estar dando uma palestra aparentemente coerente e verossímil sobre o tema determinado, ouvir o que a outra pessoa diz.

A festa do baixo-astral

Minha amiga Sheilah me telefonou dizendo que estava na mais "compleeeeta depressão". "Eu também", disse eu, feliz por ter companhia. Uma coisa que não suporto é quando estou péssima e uma amiga me liga dizendo como está contente, como tudo na sua vida está indo bem – está tendo sexo do outro mundo com o marido, que acabou de ganhar um prêmio Pulitzer, e que seus pais, que ela adora porque sempre deram um enooooorme apoio à sua carreira de artista, estão comemorando seu sucesso com a compra de um apartamento para ela, que acabou de perder cinco quilos. É demais para mim. Então, fiquei contente ao ouvir Sheilah dizer que estava na pior, e nós duas passamos meia hora ao telefone nos queixando de como nossos relacionamentos estavam desmoronando, como nossas carreiras estavam paradas, como tínhamos engordado três quilos não resistindo a trufas de chocolate depois de um dia inteiro comendo aipo.

"Temos de fazer alguuuuuuma coisa", Sheilah, que é cantora de jazz, cantarolou baixinho. Depois de examinar várias alternativas, resolvemos dar uma festa – uma festa do baixo-astral.

Pedimos aos convidados que se vestissem de preto e servimos comida escura: caviar negro, biscoitos de gergelim preto, pasta de feijão-preto, café e chocolate. Os pratos e os guardanapos eram pretos, além das velas. Quando se perguntava a alguém como estava, a pessoa tinha de responder que estava terrível, horrível, medonha, e reclamar de todos os acontecimentos revoltantes, desmoralizantes, humilhantes causadores dos males que estavam acontecendo na sua vida: carteira de motorista cassada, romance trágico, aquecimento global, desastre financeiro, resfriados intermináveis, erisipela, tratamentos de canal, insucessos na carreira. Depois de alguns minutos de reclamações, as pessoas começaram a se sentir muito melhor e quando se perguntava como estavam, pareciam prestes a dizer: "Ótimo, está tudo bem", mas não permitíamos que o fizessem.

Finalmente, quando tínhamos esgotado todo o nosso repertório de más notícias, pusemos música para dançar.

"A dança do pelicano"

Há muitos anos, passei várias semanas em Isla de la Piedra, uma ilha com quilômetros de praias de areia branca na costa mexicana do Pacífico. À tarde, via o sol mergulhar enquanto pelicanos marrons voavam em bando pelo céu rosa e salmão. Um pelicano líder parecia determinar o padrão do vôo, sendo seguido pelos outros grandes pássaros, como bailarinos em coreografia. Enquanto estudava o movimento dos pelicanos para cima e para baixo, "senti" que não se portavam de forma individual, mas como um corpo unificado. Testemunhando tal simultaneidade, experimentei um grande prazer, porque reconheci no movimento dos pelicanos o que sempre senti como verdade: nós não existimos como indivíduos isolados numa capa de pele, mas estamos conectados através de uma teia invisível cuja natureza ainda não compreendemos totalmente mas, mesmo assim, percebemos.

Ao voltar para meu estúdio, comecei a trabalhar numa performance baseada nas muitas imagens que coletara durante a viagem. Convidei um grupo de amigos, todos homens, para tentar desenvolver uma coreografia que chamei "A dança do pelicano". Com base no movimento do vôo dos pelicanos, um bailarino rodava os braços em círculo, seguido pelos demais, um a um, até que, ao chegar ao último, o líder estabelecia um novo movimento que viajava através da corrente.

Ensaiamos durante semanas. Com o tempo, os homens foram se tornando cada vez mais capazes de alternar a liderança sem quebrar a cadência, movimentando-se como um corpo único. Depois da última apresentação da temporada, os bailarinos se autodenominaram "Os pelicanos" e continuaram a se encontrar para experimentarem o prazer de se movimentarem e estarem juntos.

Parecemos ser indivíduos distintos, com vidas separadas, e realmente somos, num certo nível. Mas em outro há várias sincronicidades que não são meras coincidências e que apontam para uma ligação profunda entre nós. O telefone toca exatamente quando estamos pensando na pessoa que nos liga, sonha-se com uma tia e mais tarde descobre-se que ela faleceu exatamente na noite em que sonhamos com ela, dizemos as mesmas palavras que um amigo, precisamente no mesmo momento.

Respiramos moléculas de oxigênio que já foram partes de uma árvore e agora são partes nossas, depois as expiramos e elas se integram ao corpo de um outro ser. Comemos moléculas de cenoura que já fizeram parte da terra, agora fazem parte de nós e passam através de nós, tornando-se terra novamente. Nossos filhos são feitos de nossas próprias moléculas e todos nós somos feitos de poeira cósmica. Então, quem somos?

Cada um de nós é um indivíduo e, ao mesmo tempo, somos uma vasta amplidão de ser que não tem fronteiras e que inclui todos os seres. Quando experimentamos essa interligação, mesmo por um breve momento, somos tomados por uma onda de bem-estar, como se aquela fosse a nossa realidade mais profunda. São verdadeiros momentos de graça: quando nos envolvemos num profundo abraço sexual, quando assistimos ao nascimento de uma criança, quando entramos em transe ao dançar, quando conseguimos nos concentrar na meditação ou na oração. Dançar em sintonia com um grupo de amigos é um momento desses.

A prática

Você pode realizar esta prática na sala de visitas, na praia, numa academia de dança ou num quintal. Uma pessoa toma a liderança e se movimenta pelo ambiente, andando num certo ritmo. Enquanto ela se movimenta, os outros a seguem em fila, imitando os movimentos que o líder executa. O líder prossegue numa velocidade que todos possam acompanhar com facilidade e depois de um tempo reúne o grupo em um círculo e cede a liderança a outra pessoa.

Pode-se realizar a prática com movimentos em sintonia e também em seqüência: o líder levanta o braço, o bailarino seguinte levanta o seu, da mesma forma o seguinte, até que o movimento tenha passado por toda a fila.

Trabalhem em silêncio no início e depois, se quiserem, com muitos gêneros de música. Esta prática pode também ser realizada apenas com duas pessoas.

Ao observar um cardume de golfinhos pulando juntos, testemunhamos o prazer de brincar em grupo e sentimos uma ressonância em nossos próprios corpos. O impulso de brincar em conjunto faz parte do que somos e, segundo alguns, é essencial ao nosso bem-estar.

O círculo do som

Cantar em grupo, criar harmonias e relacionamentos rítmicos, efeitos que a voz não pode realizar sozinha é um dos grandes prazeres dos seres humanos. Todos nós que vivemos isolados uns dos outros ansiamos por comunhão e encontramos um momento de alívio quando cantamos juntos.

Como a maioria de nós não canta em eventos sociais, podemos ter dificuldades em fazê-lo, com medo de parecermos inadequados. Se tivéssemos consciência do bem-estar e comunhão que o canto em conjunto promove, resistiríamos menos. Perguntem às pessoas que participam de corais qual é a intensidade de prazer que essa experiência lhes traz.

A prática

Sentem-se em círculo. Uma pessoa começa com uma frase musical que pode ser facilmente repetida, com um ritmo claro, e a entoa muitas vezes. A frase pode ser curta, uma melodia de oito tempos, ou uma frase rítmica (*bum da da bum, bum da da bum*). Todo mundo marca com as mãos o ritmo estabelecido.

Enquanto o primeiro cantor continua sua frase, a pessoa ao seu lado começa com outra frase musical diferente, mas que se encaixe na primeira de alguma forma. Os dois cantores prosseguem com suas frases e a pessoa ao lado do segundo inicia a sua frase, que deve se encaixar nos sons emitidos pelos dois primeiros. As outras pessoas vão apresentando suas frases, até que todos estejam cantando.

Depois de um, dois ou três minutos, o primeiro cantor pára; então, após alguns compassos, o segundo pára; mais alguns compassos, e o terceiro pára também, até que o último fique cantando sozinho. Este último continua com sua frase musical por alguns compassos até parar.

Mais uma vez, é claro que vai ser preciso vencer uma forte resistência para começar. Mas vão em frente, não se preocupem muito com o resultado inicial, mesmo que pareça caótico.

Conselhos que podem ser úteis:

1 – Em vez de tentar ser criativo e excepcional para ser aplaudido pelo grupo, seja simples, natural e óbvio.
2 – Se alguém está fazendo uma frase musical que você gosta, sinta-se à vontade para imitá-la mudando apenas um elemento.
3 – Ouça, ouça, ouça.

Quando o trabalho vira um jogo

As pessoas se unem quando trabalham juntas. Organizando uma festa, preparando uma refeição, pintando uma casa, encontramos maneiras de colaborar uns com os outros, e nossas divergências sobre política, educação infantil ou religião passam a não ter importância. O trabalho nos permite encontrar um campo comum.

Tenho uma amiga que é *chef* de cozinha e que freqüentemente é convidada para supervisionar festas especiais em que os convidados recebem aventais e facas afiadas e ela providencia os ingredientes e as receitas. Já tive a honra de ser convidada para uma dessas reuniões, e enquanto eu picava cogumelos e dourava cebolas me senti muito à vontade, embora não conhecesse os outros convidados, o que em geral me deixa ansiosa. Cozinhar em grupo derruba as fronteiras, quebra o gelo, nos dá algo para fazer que podemos comentar durante ou depois do trabalho.

Inspirada por essa experiência, dei uma festa de Hanukah em que as pessoas foram convidadas a fazer as panquecas de batata tradicionais daquela comemoração judaica. Pedi aos amigos que trouxessem vasilhas e raladores, e todos nos reunimos em volta da mesa para cortar batatas. Alguns se queixaram dos braços cansados, pediram para usar o processador, mas eu não me rendi. Sabia que as panquecas ficariam mais gostosas se todos tivessem se esforçado um pouco para prepará-las, e que a atmosfera do grupo se beneficiaria com isso. O esforço valeu a pena. Quando acendemos as velas de Hanukah, a sala transmitia calor e amizade e o ritual refletia essa intimidade. Na saída, as pessoas me agradeceram efusivamente.

Seguem-se algumas idéias para projetos em grupo. Faça o que lhe parecer atraente na lista e invente outras situações.

A prática

Quando der um jantar em casa, peça aos convidados que desenhem na toalha. Cubra a mesa com grande folhas de papel e distribua canetas hidrográficas. Peça aos seus amigos que façam desenhos que interajam uns com os outros, de modo que todos participem do desenho.

Façam uma escultura na areia com tudo que acharem largado na praia: galhos, conchas, bóias, pneus, algas.

Decorem uma árvore de Natal com enfeites feitos em casa.

Quando tiver um projeto maior, como pintar as paredes da casa ou preparar canteiros no jardim, chame os amigos para ajudar, fazendo disso uma festa. Ponha música, dancem durante os intervalos. Cantem enquanto trabalham.

Reúna amigos para fazer presentes de datas comemorativas: geléias, tortas, sachês, velas.

Reúna amigos para realizar projetos sociais: preparar comida para carentes, reunir livros para bibliotecas de presídios, fazer cobertores de bebê para abrigos de crianças.

As possibilidades são inesgotáveis, é só usar a imaginação.

Festa à fantasia

Durante o seminário de verão, meus alunos e eu costumamos fazer uma festa à fantasia, jantando à luz de velas sob um caramanchão no jardim. Todo mundo muda de voz, altera o tipo físico, adota uma nova identidade e se fantasia. São sempre noites memoráveis.

Um ano, Melanie, com um lençol fez uma fantasia de xeique; Jaimie colocou uma saia longa, pegou o xeique pelo cotovelo e disse ser sua esposa favorita. Ashley colocou calças boca-de-sino apertadas, uma peruca longa e encaracolada e decidiu que era um astro do rock russo. Maria, grávida, chegou com um carrinho de bebê em frangalhos e bancou uma velha louca e rabugenta. Mel se vestiu de galinha e cacarejou a noite toda.

É estranho, mas apesar de ter feito esse tipo de festa várias vezes, e sempre me divertido muito, todos os anos resisto em me fantasiar. Chego a dizer em voz alta "Deteeeeeesto essa brincadeira". Mas finalmente, consigo fazer alguma combinação de roupas e encarnar um personagem. Por isso, se você resistir inicialmente, lembre-se de mim e entregue-se à brincadeira. Você vai me agradecer.

O que torna esta prática divertida são as relações que se desenvolvem entre os personagens. Quebramos os padrões de relacionamento repetidos em nosso cotidiano, e não só fazemos emergir um aspecto nosso que ignorávamos como despertamos nos outros uma dinâmica diferente.

Se você parar para pensar, vai constatar que vestimos fantasias todos os dias e noites de nossas vidas: fantasias formais e informais, fantasias sensuais e de poder, femininas e masculinas, fantasias de verão e inverno, fantasias de acordo com nossa idade e nossa cultura. Temos fantasias para nossa mobília e para a decoração de nossas casas. Todas essas fantasias definem e comunicam a nossa identidade. Quando então mudamos a maneira de vestir e de agir, surge dentro de nós uma pessoa nova num processo que pode ser surpreendentemente libertador.

Podemos brincar afrouxando os limites impostos pela sociedade, pela família e pela profissão. Por uma noite podemos ser quem quisermos. Voltaremos para nossas identidades habituais transformados.

A prática

Dê uma festa à fantasia. Você pode dizer a seus amigos que já cheguem fantasiados ou providenciar uma coleção de roupas, chapéus, tecidos e toda uma parafernália para escolherem ao chegar. Peça que criem um personagem que surja da fantasia improvisada em vez de tentarem ser um personagem já conhecido. Estimule-os a imaginar a história de vida e a situação atual do personagem. Por exemplo, uma garçonete de bar que já se casou três vezes, mas que agora está solteira e louca por um cigarro porque, naquela manhã, decidiu parar de fumar. Uma treinadora de cães que acabou de se aposentar depois de ter sido atacada por um *pitt bull* e agora procura outra ocupação. Um surfista que está indo para a Austrália e quer saber se alguém conhece uma pessoa que possa hospedá-lo por algumas semanas. Qualquer situação.

Experimente pedir aos convidados que tragam várias fantasias para que todos possam escolher entre muitas. Se quiserem, podem mudar de identidade no meio da festa.

Mais uma vez lhe garanto: no final, você ficará feliz por ter participado.

Tocando tambores

No ano passado, minha amiga Barbara Borden, uma grande percussionista, organizou uma roda de percussão para comemorar meu aniversário. Chegou cedo ao meu estúdio trazendo sua coleção de tambores, chocalhos e matracas. Peguei meu tambor e a cesta de instrumentos de percussão que colecionei ao longo dos anos, acendemos velas e arrumamos cadeiras em círculo, esperando os convidados que chegaram trazendo seus próprios chocalhos e tambores.

Barbara começou convidando todos a acompanhá-la numa batida em que ela marcava o tempo no couro de seu *djembe*, um tipo de tambor africano. Nós a acompanhamos em uníssono. Ela então ensinou ritmos diferentes aos integrantes da roda, o som aumentando ou diminuindo, sincopado ou contínuo. À medida que a noite avançava, fomos entrando numa espécie de transe conjunto. Eu sentia a diferença em mim e a via nos olhos e nos corpos de meus amigos. Foi uma experiência incrível que nos levou para fora do tempo.

Nossos corpos são organismos rítmicos: nossos corações batem em resposta a impulsos elétricos e um pulso se movimenta em nossas veias. Respiramos em ritmos, andamos em ritmos, corremos em ritmos, falamos em ritmos. Vivemos num universo rítmico: a Terra gira em volta do Sol e a Lua em volta da Terra em ritmos constantes que afetam os ritmos internos de nossos corpos e os ritmos das águas do planeta e das estações do ano. Quando rufamos tambores juntos estabelecemos ligação entre nós e nos conectamos com o universo rítmico.

O ritmo nos liberta da sensação de sermos indivíduos isolados, levando-nos a perceber o coletivo. Ao bater juntos nos instrumentos de percussão, não estamos sincronizando apenas nossas mãos, mas também nossos corações e mentes. Se queremos curar nossas feridas internas e construir estados de comunhão, aliviando nosso sofrimento e o dos outros, podemos encontrar um ritmo comum e, juntos, tocar nossos tambores.

A prática

Junte um grupo de pessoas e uma coleção de instrumentos de percussão. Se você e seus amigos não dispõem de tambores e chocalhos, podem improvisá-los. Em recipientes vazios, coloquem feijões ou pedrinhas, arrumem pedaços de madeira, pauzinhos de comida chinesa, colheres de pau, tigelas de madeira, panelas e frigideiras. Façam uma roda.

O líder começa com uma batida simples que todos conseguem seguir. Batam em uníssono até que a batida esteja firmemente estabelecida, e então acrescentem outros padrões de ritmos, ficando uma pessoa pelo menos com a batida simples básica.

Se, enquanto estiverem tocando, o ritmo desandar, parem e recomecem, com uma batida clara em uníssono. Batuquem até chegarem a um ponto em que o som seja do conjunto. Descansem e recomecem, dando tempo para estabelecer um batimento claro antes de acrescentar outros ritmos à mistura.

Nove

A prece

A linguagem do coração

"Lembre-se de que
ter os olhos de um artista
pode ser suficiente,
os ouvidos de um poeta
pode ser suficiente.
A alma de um ser humano
apenas apontada em direção ao divino
pode ser mais do que suficiente.
Eu lhes digo isso para lembrar a mim mesma
que cada gesto é um ato de criação.
Mesmo os vazios e o silêncio
podem ser as asas e as vozes de anjos."

MICHELE LINFANTE

O caminho do sagrado

Num encontro de escritores, tive o privilégio de conhecer uma mulher excepcional, ganhadora de um prêmio Pulitzer. Com quase oitenta anos, ainda trabalhava como colunista para um prestigiado jornal e acabara de iniciar a biografia de uma figura famosa. Durante um almoço, contou-me que se casara aos 21 anos para escapar da atmosfera sufocante da casa dos pais, e que vivera a maior parte da vida em estado de semi-reclusão, dedicando-se ao trabalho e ao marido. Atribuía o sucesso na carreira à paixão e o sucesso no casamento à sorte – e acrescentou que ela e o marido eram tão próximos que não precisavam de Deus.

Mas quando o marido morrera há alguns anos, vítima de uma doença prolongada, ela se deu conta de que não tinha o costume de apelar para uma prática espiritual numa hora em que precisava de apoio. Procurou, mas não encontrou uma religião ou rituais que se adequassem à sua natureza. Assim, ao sair da crise, abandonou a busca de uma prática espiritual.

Ao voltar do almoço, fiquei pensando na história daquela mulher. Imaginei que se ela tivesse de novo uma experiência que a entristecesse, amedrontasse ou confundisse, sentiria falta de uma maneira de conduzir suas necessidades espirituais. Sentada à beira de um lago, vendo o sol salpicar sua superfície, pensei nas muitas ocasiões em que apesar de também ter o impulso de expressar minhas necessidades espirituais, não tinha dado voz a este anseio. Embora me lembrasse de orações da minha infância e tivesse aprendido cânticos e mantras nas minhas muitas incursões no xamanismo, budismo, hinduísmo e em cerimônias ecléticas, na maior parte da vida me senti tímida para rezar num movimento que partisse do meu próprio coração.

Finalmente, a necessidade de rezar se tornou mais forte do que meu medo, e comecei a experimentar. E tudo começou de uma forma engraçada. Uma amiga me disse que o deus do estacionamento se chama Squat, e que se rezássemos para ele encontraríamos vaga nos locais mais difíceis. Então inventei uma oração para Squat e a recitava cada vez que precisava estacionar. Coincidência ou não, o fato é que depois de formular a oração passei a encontrar vagas repetidamente, mesmo nas regiões conhecidas por brigas ferozes por causa das poucas vagas disponíveis.

Animada com o sucesso das minhas súplicas a Squat, aventurei-me mais a fundo no território da oração espontânea. Rezava fazendo caminhadas no bosque, trabalhando em meu estúdio, nas coxias antes dos espetáculos, deitada na banheira, e recentemente, quando passei por uma crise de saúde e tive que ser submetida a ressonâncias magnéticas, rezava em salas de biópsia. Quanto mais eu fazia da oração uma prática agradável, mais o ato de orar me trazia satisfação, esclarecimento e calma.

No último dia do encontro de escritores, fui até o quarto de minha nova amiga para me despedir. Ela estava debruçada sobre a mesa na qual escrevera durante todo o mês, cuidadosamente maquiada e impecavelmente vestida, as malas fechadas perto da porta. Disse-me o quanto estava ansiosa por sentir o aroma dos gerânios cor-de-rosa que cultivava em suas janelas no apartamento de Manhattan. Fechou os olhos e respirou fundo: "Aquele perfume é magnífico." Seu corpo se tornou radiante e o brilho espalhou-se pelo quarto e, chegando até mim, me senti abençoada pelo cheiro fantasma daqueles gerânios cor-de-rosa. O poder de transmissão fora tão visceral que entendi que, mesmo sendo incapaz de achar uma prática espiritual formal, minha amiga descobrira um caminho interno que levava à serenidade, ao milagre e ao esclarecimento.

É este estado de ser que o irmão David Steindl-Rast chama de verdadeira oração. "Imagine, por exemplo, que você está recitando os Salmos", escreve ele em seu livro *Gratefulness, the Heart of Prayer*

(Gratidão, o âmago da oração). "Enquanto recita, seu espírito é transportado para sua casa e seu jardim. Você se vê regando suas violetas africanas. Neste momento, você sente uma emoção impressionante que não aparecera durante as orações convencionais. Seu coração se expande e abraça as folhas e as flores. Regar as plantas e vê-las absorvendo a água se torna um ato de dar e receber tão íntimo que você não consegue separar a alegria das plantas da sua própria alegria. Ao reconhecer a comunhão que existe nesta doação e nesta acolhida, seu coração se alegra profundamente. Enquanto dura esse momento, tudo tem significado, tudo tem sentido. Você está se comunicando com seu eu profundo, com tudo que existe, com Deus. Qual é a verdadeira oração: recitar os Salmos ou regar suas violetas africanas?"

Orar, no seu sentido mais profundo, não é recitar liturgia, pedir uma vaga para estacionar ou mesmo implorar por uma cura – embora orar possa ser todas essas coisas e cada uma delas. Orar, no seu sentido mais profundo, é o encontro do coração com o caminho que leva ao seu estado natural de paz, sabedoria e compaixão.

Naqueles momentos em que nosso intelecto se sente incapaz de consolar um coração partido pela dor, ou clarear uma mente obscurecida pela confusão e pelo medo, nós nos voltamos para a prática espiritual. Orar é uma tecnologia sagrada para trazer paz aos nossos corações e mentes, para abrir os corações para a verdade e o afeto.

Tenhamos ou não algum credo, nosso relacionamento com o sagrado é extremamente pessoal. Cada um se liga ao espiritual à sua maneira, através da dança, de hinos, rosários, água, natureza, gerânios cor-de-rosa, falando ou em silêncio. O caminho para o sagrado é um processo que flui e se desenvolve, inventando-se e revelando-se a cada momento.

Construindo um altar

Há uma trilha nas montanhas perto de minha casa que atravessa uma floresta de sequóias e carvalhos. A uns mil e quinhentos metros do começo da trilha, passo por uma antiga árvore que tem uma cavidade aos pés do tronco. Quem caminha pela floresta deixa oferendas no local: moedas, folhas e os objetos mais variados. Cada vez que passo por ali, sinto aquela árvore como um local de peregrinação. Às vezes coloco alguma coisa, às vezes não, mas o altar está sempre ali, pronto e disponível para receber qualquer coisa deixada por aqueles que passam.

Na Tailândia, há altares ao pé de árvores por toda a floresta, as partes mais baixas dos troncos enfeitadas com seda brilhante, ornamentadas com guirlandas de flores, e nas raízes, frutas como oferenda. Andando ao longo de um rio numa floresta da Tailândia, deparei com uma árvore especialmente alta e antiga, toda enfeitada e decorada. Eu me detive ali, agradecida pela sabedoria dos devotos que, ao fazerem suas oferendas, lembravam a mim e a todos que passavam que devíamos parar um instante e absorver o que havia de sagrado naquela figueira. E entendi que a função dos altares é, de certa forma, atrair a atenção dos olhos e nos convidar a prestar atenção nas necessidades da alma.

No Nepal, visitei mosteiros onde monges e monjas enfeitavam altares com lamparinas cintilantes e adornos de bronze, oferecendo tigelas e complexas esculturas pintadas. Na América Latina, entrei em igrejas escuras em que os devotos cobriam os altares com velas votivas, estátuas em tamanho natural de Jesus e Maria, medalhões de prata brilhante em forma de corações e pernas, olhos, orelhas e seios. E nas segundas-feiras à noite, medito com um vizinho que antes de começar acende uma vareta de incenso, toca com ela a testa, se inclina, e depois a coloca numa tigela com areia sobre o altar onde o deus da sabedoria está ao lado da deusa da compaixão.

Os seres humanos constroem altares para dar forma visual ao sagrado. E nós podemos construí-los em todos os lugares: sobre tecidos, em parapeitos e prateleiras, em lagos de jardins e no alto de montanhas.

Na semana passada, recebi um e-mail que comunicava a morte de minha amiga Elaine. Ela lutara contra o câncer durante vários anos com uma força inextinguível que aturdiu os médicos e impressionou os amigos. Apesar de saber que ela estava no fim, a perda doeu fundo. Parei meu trabalho e coloquei uma fotografia de Elaine no meu altar. Na foto, o mar está ao fundo e Elaine a meu lado, encostada num galho de sequóia, com os cabelos negros e cacheados apoiados no meu ombro. Ela está de batom vermelho, sorrindo direto para a câmera, um riso aberto e franco.

Ao lado da foto, acendi uma vela branca que duraria sete dias, um costume judeu. Naquela noite, quando deitei, a luz cintilante crepitava pelo vão debaixo da porta do quarto, e eu pude sentir Elaine ao meu lado, mesmo sabendo que ela tinha partido.

Dias após o falecimento de Elaine, fui ao tribunal para dar início a uma verdadeira sessão de tortura. Tratava-se apenas de resolver um problema com uma intimação que encontrara colada no pára-brisa do meu carro ao retornar de uma caminhada. O policial havia marcado o quadradinho ao lado de "licença vencida – US$ 145". Mas minha licença não estava vencida, e por isso marquei o quadradinho ao lado da palavra "inocente" e enviei a intimação por correio, esperando que as autoridades examinassem o caso, percebessem o erro e encerrassem o assunto. Isto deu início a uma exaustiva troca de correspondência com o Departamento de Trânsito. Finalmente recebi um formulário solicitando meu comparecimento ao tribunal.

O que passa a acontecer a partir daí mais parece um pesadelo. Telefonei para o gabinete do juiz e expliquei que tinha uma pilha de papéis para documentar o fato, mas me faltava um único papel essencial. O funcionário lastimou com gentileza, mas disse que seria indispensável o meu comparecimento.

Decidida a clamar por justiça, fui ao tribunal. Na data especificada, me dirigi ao décimo sexto andar do prédio federal, assinei o registro do processo e me sentei num banco onde outros acusados esperavam para muito lentamente irem sendo chamados e entrarem pelas pesadas portas de madeira. Depois de uma hora, o funcionário encaminhou-me para uma estagiária que ouviu minha história franzindo as sobrancelhas e balançando a cabeça compreensivamente para em seguida mandar-me de volta para o banco de espera.

Uma hora depois, fui chamada a uma sala repleta de funcionários públicos com ar displicente e entediado que olharam para mim de forma solene e sombria. Explicando que minha licença não tinha expirado, tirei da bolsa a pilha de papéis na qual faltava um único documento, e respondi às poucas perguntas que me fizeram.

– Por favor, saia da sala – disse o encarregado quando terminei de apresentar meu caso. Séculos depois, fui novamente chamada à sala. Um dos funcionários disse que estavam me dando um mês para localizar o documento que estava faltando, assegurando-me que o Departamento de Trânsito seria compreensivo em esperar.

– Você só pode estar brincando – disse eu, disparando um olhar duro ao grupo de inquisidores.

– Se preferir – retrucou o encarregado – pode levar o caso a julgamento. Ou pode pagar a multa imediatamente.

Fiquei de queixo caído, e comecei a protestar com veemência e indignação. O encarregado me atalhou pedindo-me que saísse da sala num tom que sugeria algemas.

Furiosa, abandonei o prédio. Na auto-estrada, fui para a pista de alta velocidade e pisei fundo no acelerador, com a firme intenção de desrespeitar a lei e de descarregar minha raiva. O pequeno Quan Yin sentado no altar do painel chamou minha atenção. Reduzi a marcha, respirei fundo e tentei invocar uma molécula de compaixão pelos funcionários do Departamento de Trânsito. Minha raiva diminuiu um decibel. Continuando a olhar para Quan Yin, senti um ímpeto de empatia pelas vítimas da injustiça policial em todo o mundo e enviei ondas de compaixão a todas as pessoas oprimidas em todos os lugares, prometendo a mim mesma que faria um cheque em favor da Anistia Internacional.

Depois de uma breve passagem pelo shopping para uma sessão de terapia de compras, cheguei em casa e fui direto telefonar para o Departamento de Trânsito. Depois de ficar na linha por quinze minutos, escutando repetidas instruções sobre qual número apertar se quisesse ouvir instruções gravadas que me remeteriam a uma série de números referentes a outras opções (que por sua vez me remeteriam para outras opções), consegui falar ao vivo com alguém que não tinha a menor idéia de como ajudar. A pessoa me assegurou que não havia supervisores disponíveis e que eles não tinham linhas diretas, mas poderia anotar um recado.

Derramando lágrimas sobre os agora amassados papéis da licença do carro, coloquei-os exatamente no meio do meu altar, pedindo misericórdia às grandes forças do universo. Então, vi o retrato de Elaine com seu batom vermelho e seu largo sorriso franco; ela olhou diretamente para mim, com um olhar amigável, mas severo, e piscou. De repente, eu não encarava o problema com o Departamento de Trânsito de maneira tão apaixonada, nem a multa que ia ter de acabar pagando, mesmo sem merecê-la, nem o fato de ter sido injustiçada. "A vida é breve, querida", Elaine disse baixinho em meu ouvido. "Não se prenda a bobagens. Anime-se, ponha uma música e dance."

Peguei a foto, beijei Elaine, coloquei uma música e dancei. Não estava dançando sozinha – o encarregado, os policiais, a estagiária, os funcionários e Elaine estavam todos dançando comigo.

Um altar é um lugar onde podemos deixar nossas feridas e nossos conflitos, nossos problemas e nossas cicatrizes, entregando-os a

Deus, ao Grande Espírito ou à pequena parte do nosso cérebro que é o lobo da sabedoria e que sabe o que fazer, mas que até aquele momento não foi acionado. Um altar é um lugar onde colocamos nossas espadas e escudos, e pedimos orientação. Um altar é um objeto concreto, dedicado ao que consideramos sagrado, um lembrete para a mente se juntar ao coração. Um altar é pessoal, mutável e vivo, sua forma e sua função ditadas apenas pela pessoa que o criou e a ele está ligada: hoje, uma rosa branca do jardim; na semana que vem, uma carta da Receita Federal; na próxima, um par de sapatilhas de balé.

A prática

Faça um altar em qualquer lugar. No canto de uma mesa, sobre um tecido, no alto de um arquivo, na parte de trás do vaso sanitário. Seja você mesmo. O importante é que você goste de seu altar.

Muitos altares apresentam características comuns. Um tecido de seda, cetim ou linho branco representando purificação. Velas, a luz do divino, incenso, seu aroma, nos lembrando que estamos entrando em espaço sagrado. Flores para significar beleza e as dádivas do mundo natural.

Para alguns minimalistas a representação do divino é feita de maneira simples: a flor, a vela, a vareta de incenso colocados em perfeita geometria numa superfície requintada. Outras pessoas adoram amontoar coisas e cobrem os altares com tudo o que consideram sagrado: tecidos brocados, fotografias de mestres espirituais em molduras douradas, coleções de conchas catadas na praia, uma pedra raiada de um desfiladeiro na montanha, cinzas de animais de estimação, areia das margens do Ganges, cristais, cruzes, rosários, penas, colares de flores, sinos, buquês de noiva, uma carta de amor mofada.

Eu poderia lhe dar uma fórmula, mas não acredito em fórmulas. Um altar é um espaço pessoal demais para alguém lhe dizer como fazer. Experimente. Encontre seu jeito. Descubra o que funciona para você.

O importante é manter vivo seu relacionamento com o altar. Coloco no altar todo o dinheiro que recebo antes de depositá-lo no banco. Coloco no altar fotografias de amigos que padecem de doenças físicas ou problemas emocionais para lembrar-me deles no meu coração. Coloco no altar meus desejos escritos à mão, e ali está também uma estátua de Quan Yin que me lembra de ter compaixão.

Um altar é um espaço que aceita qualquer coisa que ofertemos, que acolhe nossas dificuldades e medos, esperanças e decepções, que pode nos orientar quando estamos em busca de esclarecimento. Troque os objetos do altar e a maneira de arrumá-los conforme suas necessidades, disposições de ânimo e preferências. Divirta-se. Evidencie a dimensão sagrada da vida. A vida já é sagrada, mas nós nos esquecemos disso e temos de lembrar a nós mesmos.

Invocação

Você construiu seu altar e precisa estabelecer uma relação viva com ele. Acenda a vela, troque a água das tigelas, salpique a deusa do amor com gotas de essência, entoe cânticos e reze. Mas como rezamos e para quem?

Comparando a oração em diversas tradições, percebi que existem elementos comuns: invocação, expressão de agradecimento, súplica e encerramento. Muitos rituais começam com invocações – apelos a quem se considera sagrado. A invocação leva nossas mentes à Presença Divina que está no mais íntimo de nosso ser. Através da oração, invocamos a sabedoria e a compaixão que existem em nós e no universo.

Minha amiga Anna Douglas, professora budista, me contou que quando tinha dez anos queria conhecer Deus da maneira como os personagens da Bíblia o conheceram, e assim rezava com fervor todos os dias, recitando a liturgia presbiteriana repetidamente. Mas como não conseguia, foi ver o pastor.

– Quem escreveu a Bíblia? – perguntou Anna.

O pastor ficou vermelho e gaguejou.

– Como sabemos que não é só mais uma história de fadas? – insistiu ela.

O pastor não tinha uma resposta satisfatória, e Anna, decidindo que a Bíblia era ficção, parou de rezar.

Anos depois, como jovem atriz, Anna foi escalada para o papel de Joana D'Arc numa produção de verão. Para preparar seu papel, fez uma imersão total no personagem. Todos os dias, durante o período de ensaios, andava horas pelos bosques, rezando sem parar, da maneira como imaginava que Joana D'Arc tinha rezado. Desta vez, me disse, ela achou Deus.

– E o que é Deus? Ou quem?

– Deus são todos os seres – falou Anna sem hesitar. – Um ser radiante e luminoso: as árvores, o céu, o sol, os pássaros, o canto dos pássaros, as pedras, as nuvens, a relva. Encontrei Deus em todos os lugares, dentro de mim e fora de mim. Eu me senti muito feliz, e Deus era felicidade.

Uma forma de começar nossas orações é invocar quaisquer divindades ou deusas com quem temos afinidade ou de quem temos necessidade, e agradecer sua presença aqui, agora. Se estamos confusos ou incorremos num erro, invocamos o aspecto de sabedoria do Divino para que esteja presente e seja sentido em nossos corações. "Deus da Clareza e da Sabedoria, liberta-me do estado de confusão, permite-me ver profundamente, permite-me alcançar o entendimento." Se estamos com raiva, podemos invocar o aspecto benevolente do Divino para ser sentido em nossos corações. Deusa da Compaixão, permita-me sentir com seu coração. Permita que meu próprio coração seja abrandado com a luz da sabedoria e da generosidade dos que amam." Se nós ou nossos amigos precisamos de cura, podemos invocar a presença do aspecto curativo do Divino para que realize seu trabalho em nosso corpo ou no de um amigo. "Deus da Cura, traz equilíbrio a este corpo, a esta mente."

Podemos invocar os espíritos da água, do fogo, do ar e da terra para nos acalentar e nos guiar. Podemos invocar nossos ancestrais e nossos mentores que podem nos ajudar com sua sabedoria.

Os livros sagrados dizem que Deus tem dez mil nomes e responderá a qualquer um deles. Mas não precisamos abrir um livro sagrado para descobrir os nomes de Deus – eles estão escritos na paisagem e gravados no amor que existe em nós.

A prática

Sempre que sentir necessidade ou vontade, invoque quem você queira fazer presente, seja do reino interno ou externo. Você pode rezar de uma maneira formal, acendendo uma vela ou um bastão de incenso em seu altar, recitando um mantra ou uma oração que conheça, ou pode usar suas próprias palavras. Pode chamar a Divina Presença, Deus, Jesus, Maria, Alá, Hashem, Padmasambhava, Tara, Dakas e Dakinis, dizendo seus nomes, entoando seus nomes.

Experimente rezar em qualquer lugar sempre que tiver vontade. Quando estiver andando no bosque, pode invocar o espírito das árvores, dos riachos, das flores e da relva, do sol e do céu, das criaturas, saudando-os, pedindo ajuda. Quando estiver dirigindo, pode invocar o espírito da segurança e do bem-estar. *Que eu seja protegido. Que eu esteja seguro.* Quando estiver tomando banho, pode invocar o espírito da água para purificação. *Que seja levada de mim toda a confusão que me domina. Que meu medo seja levado embora. Que minha raiva, meu ressentimento e meu rancor saiam com esta água que escorre sobre meu corpo.* Você pode rezar pelo seu próprio bem-estar e pelo dos outros, enviando votos para a felicidade de todos os seres do universo em ondas de bênçãos.

Invente suas próprias palavras, suas próprias melodias, ou improvise com as que já conhece e que lhe causam emoção. Ou invente rezas sem palavras.

Gratidão

À tarde, minha avó costumava se sentar em sua cadeira de balanço e, em momentos imprevisíveis, começava a rezar.

– Aleluia, aleluia – ela dizia, e prosseguia recitando rezas hebraicas com sua voz velha e trêmula.

Uma tarde, pedi que me ensinasse uma oração que a ouvira cantar durante muitos anos. Nós nos sentamos na sala de jantar, e ela repetiu as palavras e a melodia, até que eu soubesse de cor. "Todas as árvores e todas as relvas estão bendizendo o Senhor", traduziu.

Minha avó entoava orações de ação de graças antes de cada refeição e dava graças depois de pousar o garfo. Dava graças de manhã, quando acordava, e à noite, antes de dormir. Ao fim de cada visita, quando eu me despedia, ela me abençoava em hebraico, uma prece que vinha do fundo de seu coração, mesmo quando já estava tão velha que mal conseguia andar. Seus votos pelo meu bem-estar ganhavam força enquanto sua vitalidade diminuía.

Eu me preocupava achando que, com a morte de minha avó, as rezas iriam se dissipar da minha vida. Para manter as rezas vivas, eu precisava não apenas aprendê-las, mas também recitá-las. Comecei com uma reza hebraica da qual eu gostava desde criança, a *shechehiyanu:* "Bendito seja o Criador por nos ter amparado, protegido e nos dado a vida para que possamos estar aqui neste momento." A reza é tradicionalmente recitada quando temos o prazer de saborear o primeiro prato de uma festa religiosa, quando uma criança nasce, quando a primeira flor da primavera desabrocha, ou no Sabbath. Nós a dizemos sempre que nos sentimos inspirados para agradecer por estarmos vivos e capazes de celebrar a oferta daquele momento. A expressão da gratidão, ou apenas o sentimento da gratidão, é a alma da prece, diz o irmão David Steindl-Rast. Quando olhamos à nossa volta e prestamos atenção, percebemos que a vida nos é dada de graça; que o ar que respiramos, a água que cai do céu e sacia nossa sede, o sol que nasce e nos dá luz e calor, as árvores que nos dão abrigo e o alimento que nasce da terra, tudo isso nos é concedido gratuitamente. A beleza deste mundo e nossa capacidade de percebê-la são dádivas. Recebemos em todos os momentos, dia após dia e até o último suspiro, incontáveis dádivas.

Apesar desta abundância, freqüentemente nos sentimos excluídos, como se não tivéssemos o suficiente, como se nos faltasse capacidade. Quando aprendemos a voltar nossas mentes para as dádivas recebidas – o milagre de tufos de cenoura forçando seu caminho através da terra escura, as mangas maduras e cheirosas, o milagre das árvores floridas, da espuma do mar, e o milagre de termos nascido com sentidos capazes de receber essas maravilhas – quando voltamos nossas mentes para tomar consciência do que nos é dado, um sentimento de gratidão nos invade e nos apaixonamos por esta vida e por este momento. O amor, sempre disponível quando olhamos em sua direção, é o que chamamos de liberdade. Este amor é o que chamamos de Deus.

A prática

Em alguma hora do dia, reserve um instante para apreciar o que foi lhe foi ofertado. Esta prática não requer nenhum tempo, apenas atenção. Dando um gole em sua garrafa d'água, aprecie a água. Ao conversar com um amigo, aprecie o companheirismo. Ao comer uma salada, aprecie as alfaces crocantes e os tomates maduros; andando de metrô, aprecie a massa humana e cada pessoa única. Dedique um momento de cada dia para apreciar. Para agradecer.

Você pode apreciar em silêncio a variedade de dádivas que cada momento nos apresenta, ou pode dizer em voz alta: "Este corpo que respira e se movimenta respirando; meu cachorro que me olha tão afetuosamente; a brisa fresca que entra pela janela e toca meus braços nus; este céu azul e transparente que me convoca para dar um passeio, respirar o ar, sentir o cheiro de mar. Obrigada, meu Deus, por essas dádivas admiráveis."

Súplica

Quando, há alguns anos, recebi o diagnóstico de uma doença que poderia ser fatal, contei à minha empregada que estava passando por uma crise de saúde. Ela me disse para rezar. "Mas a senhora não pode apenas murmurar suas orações; tem de rezar alto."

Julia me disse que quando o filho esteve doente, ela acordava todas as noites às duas da manhã, ajoelhava-se no chão e rezava alto. Seu filho se curou. Contou-me também que, quando uma amiga recebeu o diagnóstico de câncer, ela novamente acordava no meio da noite durante semanas, ajoelhava-se e rezava alto. A amiga também ficou boa.

Embora eu não tenha ajoelhado durante a noite e rezado em voz alta, gostei muito do conselho de Julia. Podemos rezar do jeito que quisermos – com ardor, paixão, desejo intenso, crença profunda – mas nunca repetindo mecanicamente as palavras enquanto pensamos em outra coisa. Se rezarmos com sentimento, mesmo que nossas preces não tenham sido atendidas, teremos experimentado liberdade durante a oração – a liberdade da verdadeira expressão, a liberdade de um coração que extravasa o que sente – e essa liberdade é, em si mesma, uma resposta ao que pedimos.

A maioria de nós, alguma vez na vida, sente necessidade de auxílio espiritual. As circunstâncias podem ser múltiplas: tristeza pela morte de um ser querido, aflição com um filho doente, preocupações no trabalho, desgosto sentimental, demissão do emprego, insatisfação pessoal, raiva porque a vida nos parece injusta, medo da violência que nos cerca. E assim por diante.

Em horas assim, uma opção é começar a rezar sem medo. Mas a maioria de nós se inibe, e nem sequer sabe como iniciar as orações. Para aprender a rezar, basta começar, do jeito que pudermos. Em minutos descobriremos que o ato de rezar é totalmente familiar.

Se realmente você não souber como começar, repita somente "Me ajude, me ajude, me ajude".

A prática

Da próxima vez que sentir necessidade de ajuda e sua família e seus amigos não estiverem disponíveis, peça socorro. Você pode pedir auxílio para uma necessidade específica, ou

para seu coração encontrar a paz e a mente se tranqüilizar. Pode cantar, gritar ou murmurar. Pode se dirigir a alguém em particular: Deus, Jesus, Tara, Alá, Hashem. Ou a todo o universo. Tente. Experimente. Clame.

A poesia de ver

Uma das crenças comuns sobre a oração é que o resultado virá mais provavelmente se visualizarmos aquilo que desejamos. Desta forma a oração não precisa ser uma súplica dirigida a um ser fora de nós, mas uma visualização dos nossos desejos.

Quando enfrentei minha crise de saúde, não havia uma ameaça imediata, mas a doença poderia se tornar uma coisa mais séria. Fiz, então, um tratamento complementar fitoterápico administrado de forma intravenosa. Uma enfermeira vinha a minha casa para me preparar e me deixava sozinha por três horas com a medicação penetrando gota a gota em minhas veias. Em vez de assistir à televisão ou ler para me distrair, eu trabalhava com as fitas de visualização do Dr. Martin Rossman, conhecido médico da Califórnia. Em uma das sessões, você permite que uma imagem de cura lhe surja na mente. Eu via células circulares feitas de luz preenchendo todas as partes do meu corpo. Ficar durante horas banhada em luz, me dava uma intensa paz e me fazia muito feliz. Por isso, em vez de temer as sessões feitas a cada duas semanas, comecei a ansiar por elas.

Quando meus amigos perguntavam como eu estava indo, eu lhes dizia que estava me sentindo muito bem. Depois de semanas imaginando cada célula do meu corpo irradiando luz, eu me sentia como se fosse um corpo cheio de vaga-lumes muito alegres e luminosos. "O que é que faz você parecer tão bem?" indagavam eles. "Luz", eu respondia.

Os médicos, descrentes de tratamentos com luz e fitoterápicos, erroneamente avaliavam que minhas terapias alternativas não estavam funcionando e insistiam para que eu me submetesse a uma cirurgia. Depois de resistir por meses, finalmente sucumbi. Mais uma vez, amparei-me no trabalho do dr. Rossman. Para ajudar na tranqüilidade dos procedimentos cirúrgicos e no pós-operatório, ele sugere que previamente o paciente se visualize completamente recuperado e realizando uma de suas atividades favoritas que representem um total bem-estar. Enquanto as enfermeiras me levavam através dos brilhantes corredores do hospital até a sala de operações, eu me imaginava dançando como Isadora Duncan – fazendo piruetas e pulando, uma saia esvoaçante flutuando em torno de mim.

Poucas semanas depois da cirurgia, apresentei-me em uma conferência. Enquanto dançava no palco, minha saia cor de lavanda flutuava em torno de mim, e eu percebi que estava vivendo o que visualizara. Tinha certeza de que a visualização de um mês atrás contribuíra para a minha cura e, embora jamais tenha compreendido inteiramente os mecanismos desse processo, nunca deixarei de me sentir agradecida por seus efeitos.

A fim de nos comunicarmos com o subconsciente e com o sistema nervoso vegetativo, onde, em parte, a cura ocorre, usamos linguagem simbólica. Se nos imaginarmos completamente bem e realizando uma atividade que simbolize cura total, é mais provável que experimentemos esse resultado do que se imaginarmos os piores acontecimentos possíveis no caso de a doença avançar, a cirurgia não dar certo ou se manifestarem efeitos colaterais. Se nos imaginarmos fazendo o que gostamos de fazer, é mais provável que nos encontremos realizando exatamente esta atividade.

Os Papagos, uma tribo de nativos americanos que moram no deserto do Arizona, levam esse processo um passo adiante, entoando orações para invocar determinados fins. "A descrição de um acontecimento desejado na magia das palavras harmoniosas era para eles o meio para fazer o fato acontecer", escreve Ruth Underhill em seu maravilhoso livro *Singing for Power* (Cantando para o poder). "As canções se referem a todos os segmentos da vida e em vários tons: solene, melancólico, bem-humorado, entusiástico. O tom não importa. Eles acreditam que a mágica se realizará se a descrição for viva e o canto ou a recitação se fizerem como devem ser feitos... em benefício de todas as pessoas."

A prática

Quando você desejar ardentemente o seu bem-estar ou o de outras pessoas, pratique a visualização. Veja com o olho da mente o que deseja, mas, em vez de visualizar apenas coisas materiais – um carro novo, um bilhete premiado na loteria –, vá mais fundo nas necessidades do coração. Se estiver doente ou sofrendo de depressão, imagine-se em meio a uma atividade que represente total bem-estar e veja as cenas com detalhes nítidos. Se um amigo estiver doente, veja o amigo saudável e radiante.

Se estiver plantando, pode visualizar o jardim florido e cheio de frutos. Se vai se casar, visualize a luz do amor alegrando convidados e participantes. Se está começando num novo emprego, visualize você, seu chefe e seus colegas trabalhando juntos harmoniosamente.

E então dizemos "amém"

A última vez que vi meu pai foi numa sexta-feira, quando jantei com ele em sua casa. Sua mulher passaria o fim de semana fora, e ele mesmo preparou meus pratos favoritos. Meu sobrinho de 19 anos, Jonathon, também o estava visitando. Pusemos a mesa no pátio que dava para um enorme campo de golfe e nos sentamos à luz do anoitecer. Feliz por ter uma platéia, meu pai contava histórias, animado, dando conselhos entusiasmados que ninguém pedira.

Quando me despedi, abracei meu pai e lhe disse que se estivesse cansado, eu poderia levar Jonathon de carro até seu alojamento. A curva das costas de papai se acentuara com a idade e eu imaginava que sentisse dor, mas ele raramente se queixava. Papai disse que não, que ficaria feliz em dirigir, e um rápido olhar trocado entre os dois homens me fez pensar que avô e neto desfrutariam a companhia um do outro sozinhos no carro.

Tarde da noite, no domingo, meu telefone tocou. Fiquei surpresa em ouvir a voz de minha meia-irmã. "Você está bem?", perguntei. "Não", disse ela num quase murmúrio, "papai morreu."

Levei um tempo para absorver o significado de suas palavras. Meu pai e sua mulher estavam com um casal num restaurante. Meu pai saiu um instante para tomar ar e teve um colapso. Quando a ambulância chegou, seu coração não pôde ser reanimado.

Dois amigos estavam me visitando. "Meu pai morreu", balbuciei numa voz calma. Então caí no chão aos prantos e observei a mim mesma de um lugar distante: *Ela está chorando, ela está no chão, seu rosto está molhado, seu pai morreu, isso é muito, muito triste, e essa mulher se lamentando sou eu.*

Eu esperava esse telefonema havia anos, temendo-o. E agora o momento chegara – e passara –, a espera tinha terminado, o telefonema acontecera, o fone fora colocado no gancho. Meus amigos já se referiam a meu pai no tempo passado. Ele era, disseram eles, um homem charmoso e interessante.

Durante anos eu falara com papai quase todas as semanas. Eu o visitava com freqüência e lhe confiava meus momentos de sucesso ou dificuldades. Podia imaginá-lo caído na calçada do lado de fora do restaurante, cercado pelos amigos, mas não podia imaginá-lo sem vida. Era um homem vital demais, paternal demais para ter se ido.

Dois dias depois do enterro, o rabino nos deu fitas negras, pedindo que as colocássemos em nossos peitos repetindo suas palavras: "Que seja abençoado o verdadeiro juiz." Senti diminuir o peso em meu peito. O nascimento e a morte de meu pai estavam fora do alcance das minhas mãos. Tudo o que podia fazer era me conformar com os desígnios de Deus.

Nos dias e noites imediatamente após a morte de meu pai, eu me movimentava em câmera lenta do sofá para a espreguiçadeira, e dali para a cama. Na maioria dos dias me imaginava pegando o telefone e dizendo: "Papai, é Nina." Imaginava-o exclamando "Ninkela", com alegria na voz.

Há momentos em que me sinto traída por meu pai ter partido para longe de mim. Em seguida, há momentos de graça em que chego a sentir alívio e bem-estar: meu pai, um homem idoso, morreu docemente e sem dor, logo depois de uma viagem à Provence, onde os campos de mostarda tingiam a paisagem de um amarelo surpreendente e o Mediterrâneo turquesa dominava o horizonte. Meu pai, um marinheiro, amava o mar. Que seja abençoado o verdadeiro juiz.

Semanas após a morte de meu pai, fui para um retiro de meditação com o lama tibetano Tsoknyi Rimpoche. Durante os sete dias de silêncio, Tsoknyi nos ensinou a meditar de maneira aberta, permitindo que todos os pensamentos e sentimentos surgissem e fossem embora no grande céu da consciência. Quando realizara esta prática antes, sob sua orientação, experimentara uma grande amplidão do ser que me deixou feliz. Dessa vez, entretanto, um grande sentimento de tristeza aflorou e não se dissipou. No final do retiro, contei minhas dificuldades a Rimpoche.

– Você não transforma tristeza em luz – ele disse. – Você se entristece.

Rimpoche explicou que um *bodhisattva* é um ser que, ao atingir a iluminação, prometeu sempre tomar a forma humana e dedicar-se a ações altruístas, num esforço para aliviar o sofrimento de todos os seres. Isso eu sabia. Mas ele continuou a explicar que *sattva* significa coragem. Tornar-se um *bodhisattva* não significa que você não vai sofrer, disse ele. Tornar-se um *bodhisattva* significa que você se tornou um guerreiro e está disposto a sentir profundamente o sofrimento que faz parte da vida humana. À medida que constrói sua coragem e se abre cada vez mais para sentir essa dor, você desenvolve a compaixão verdadeira. Quando a compaixão surge, a dor não é mais sofrimento: a dor também é alegria, porque o coração foi aberto pela dor.

No judaísmo há um ditado: "Um coração partido é o portão para o céu."

Os budistas relatam as três consciências: "Temos consciência de que não podemos evitar a perda daqueles que amamos. Temos consciência de que não podemos evitar doença e abandono. Temos consciência de que não podemos evitar envelhecimento e morte." Todos os que amamos morrerão um dia. Nós mesmos um dia ficaremos doentes e morreremos. Isso é o Dharma, o Tao, o modo de ser do mundo em que nascemos. Mas a maioria de nós não considera a proximidade da morte, e com isso perde a consciência de que a vida passa num instante.

Por mais que nos esqueçamos disso, a vida realmente passa num instante. E na duração desse instante nos é dada a oportunidade de celebrar – de amar integralmente, de expressar inteiramente as alegrias e as tristezas do coração. Se aceitarmos a missão de viver plenamente, é nosso dever dançar nas praias, nos campos e no alto de montanhas, cantar nas florestas, nos quintais e nas ruas da cidade, fazer arte em todos os lugares deste planeta onde nos encontramos juntos e vivos. Também nos é dada pelas grandes forças a tarefa de nos desapegarmos repetidamente, e de nos entregarmos à vontade de Deus, ao Tao, ao Modo como a Vida É. E quando nos rendermos e contemplarmos este universo de criação infinita e passageira, vamos entoar um grande aleluia. E vamos dizer "Amém".

Como terminar nossas orações? Dizemos: "Que minhas orações e ações sejam em benefício de todos os seres." Dizemos: "Que assim seja." Dizemos: "Que assim aconteça." Dizemos: "Que a tua vontade seja feita, não a minha." Dizemos: "*Svaha.*" Dizemos: "Que seja abençoado o verdadeiro juiz." Dizemos: "Amém." Juntamos nossas mãos e nos inclinamos. Tocamos o chão com nossas testas.

Dez

Trazendo arte para a vida

O ser improvisado

"A espontaneidade é o momento de liberdade pessoal em que ficamos diante de uma realidade e a vemos, a exploramos e agimos de acordo com ela. Nesta realidade, os pedaços de nós mesmos funcionam como um todo orgânico. É o tempo de descobrir, de experimentar, da expressão criativa."

VIOLA SPOLIN
(Improvisation for the Theater)

Arte viva

A artista Linda Montano é uma das pessoas que melhor integra vida e arte. No primeiro inverno depois de seu casamento com um fotógrafo, os dois iam visitar a família do marido na Flórida. Insegura quanto ao guarda-roupa para conviver com os refinados parentes de Mitchell, Linda chamou as amigas e encenou um show de moda em sua sala, onde desfilou para cima e para baixo numa passarela, exibindo todas as alternativas. Mitchell tirava fotos e a platéia manifestava sua aprovação ou desaprovação; mais tarde, Linda fez a mala confiante, auxiliada pelo gosto do grupo.

Tive sorte em conviver com Linda. Era uma companheira louca e brilhante com quem aprendi a transformar qualquer dia da vida em arte. Fazer o jantar se tornava uma ópera com árias sobre como cortar cebolas e refogar ervilhas. Vestir-se era criar uma fantasia. Gramados de parques viravam palcos de dança. Os estranhos se tornavam anjos que davam conselhos sensatos. Investíamos a todo momento para tornar nossas vidas ricas e significativas. E estávamos convencidas de que o significado não se encontrava nas coisas, mas na maneira como vivíamos.

Transformar a vida em arte exige que criemos nossas vidas a cada momento – e a vida nos oferece muitíssimas oportunidades para rezar e brincar, celebrar e se auto-expressar. Ninguém pode tornar nossas vidas sagradas a não ser nós mesmos: nenhum guru, padre, pregador, pastor, astrólogo, nenhum terapeuta, médium, rabino, amante, pai ou mãe, nenhum filho. Mas todos esses podem ajudar.

Encontro para brincar

Na manhã seguinte ao enterro de meu pai, meu irmão internou-se na Clínica Mayo para uma cirurgia cardíaca. A operação fora marcada meses antes e o perigo de adiar a troca da válvula cardíaca aumentava a tensão emocional durante aquele período de choque e luto. Ele estava firme e relativamente calmo, pelo menos até onde eu conseguia perceber em nossas conversas telefônicas. Eu, no entanto, me sentia arrasada, com medo de que meu irmão seguisse meu pai. Então liguei para minha amiga Kat e lhe disse que precisava de ajuda – será que eu poderia passar a noite com ela e fazermos juntas uma cerimônia de cura? Kat é etnobotânica, fez trabalho de campo com os índios do sul do México durante anos e tem um profundo respeito pela sabedoria tribal e pela tecnologia espiritual. Eu a conheço desde a adolescência e sabia que podia ficar deprimida perto dela.

Kat construiu um altar e nele colocou um tecido e um chocalho para cada uma de nós. Incensamos uma à outra com salva colhida por ela, espalhando a fumaça com um leque de penas. Sentamos frente a frente no escuro e Kat começou a balançar seu chocalho; eu me juntei a ela com o meu e lá ficamos, duas mulheres adultas que se conheceram no primeiro dia de aula da faculdade e agora pintavam o cabelo para esconder os fios brancos, sentadas de pernas cruzadas no chão e invocando os espíritos da cura. Kat pedia que meu irmão fosse protegido na cirurgia, que seu problema cardíaco fosse resolvido e que pudesse continuar seu trabalho como médico e curar seus próprios pacientes, que sua vida fosse longa para que criasse os filhos até a vida adulta, que seu coração fosse curado da tristeza e da dor. Eu balançava o chocalho e rezava para que as mãos do cirurgião fossem inteligentes e bondosas. Que a dor fosse mínima. Que não houvesse complicações. Que o coração de meu irmão voltasse a bater de forma regular e o conduzisse pela vida como meu companheiro e amigo. Kat rezava e eu rezava, deixando nossos corações falarem através de nossos lábios ao coração dele. Rezamos até que não havia mais nada a dizer, e finalmente nos sentimos tranqüilas.

Eu poderia ter rezado sozinha, mas não queria; eu desejava companhia, apoio, intimidade.

Conheci Paul em Esalen depois de uma apresentação que fiz. Ele se aproximou, disse que eu fora brilhante e gostei dele no ato. Naquele momento não pudemos conversar porque momentos antes eu convidara toda a platéia para dançar. Assim que terminei de agradecer ao público, coloquei um CD, aumentei o som e agora toda a sala se divertia, as pessoas saltitando, batendo as pernas, balançando os braços. Paul (cujo nome eu então não sabia) desistiu de tentar conversar e se misturou à multidão de dançarinos.

Mas quando a dança acabou, conversamos por um instante e continuamos conversando até hoje. Escritor, Paul fazia uma pesquisa sobre pessoas em busca espiritual, visitando cidades da América. Nos dois meses seguintes, nossos calendários de viagens coincidiram, e nos encontramos em Santa Fé e em Manhattan. Continuando a conversa iniciada em Big Sur, descobrimos ter quatro temas essenciais em comum: arte, trabalho, amor e iluminação. Mas a conversa evoluiu para o campo dos exercícios.

Quando visitei Paul em seu hotel em Manhattan, não nos víamos havia meses. Ao abrir a porta, ele me apontou duas cadeiras que colocara diante da janela. Nós dois aprendêramos uma prática de meditação chamada contemplação do céu (que descrevo mais adiante) e, sem falar, nos sentamos e ficamos olhando pela janela por meia hora, deixando nossas mentes se abrandarem na vastidão do céu, apesar de a vista ser obstruída por um grande edifício. Depois, fomos passear no Central Park, Paul carregando no sotaque americano e eu falando com sotaque francês, alegremente trocando componentes de nossas identidades, ele se fazendo de francês, eu de americana. Acabamos em frente ao aquário envidraçado do Central Park, onde pingüins faziam piruetas. Nesse ponto, Paul e eu retomamos nossos próprios sotaques.

Nós nos encontramos em Santa Fé, onde eu estava em uma pequena casa no deserto por algumas semanas para escrever, e Paul tinha sessões com uma pessoa que fazia regressão a vidas passadas e médiuns que recebiam espíritos. De noite, quando o sol se punha no horizonte plano do deserto, sentávamos na minha varanda, até que as faixas de cores intensas tivessem desaparecido. Depois, púnhamos música e dançávamos batendo os pés fortemente nos ladrilhos mexicanos, e numa noite de lua cheia levamos nossas cadeiras de encosto de palhinha para o pátio e cantamos.

Em todos os lugares em que nos encontramos nos anos seguintes, meditamos, dançamos e lemos um para o outro algo escrito por nós ou por outras pessoas. Não fomos para a cama, não somos amantes. Mas nos tornamos grandes amigos.

A prática

Marque um encontro com um amigo e resolvam juntos uma maneira de passar o tempo de modo criativo, com arte e brincadeira que vá ao encontro de suas necessidades do momento. Podem dedicar parte do tempo para meditar, dançar, cantar. Podem dedicar parte do tempo para desenhar, pintar ou esculpir. Podem decidir usar parte do tempo para escrever. Podem decidir se arrumar e sair fantasiados pela cidade. Podem decidir que um fará massagens nos pés do outro e realizarão rituais dizendo fórmulas cabalísticas, usando infusões e pétalas de flores. Talvez queiram preparar uma surpresa para um amigo doente ou telefonar para um amigo comum que more em outro país. Ou talvez prefiram pintar a mobília ou fazer um arranjo de flores. Ou arrumar um jardim. Podem ir à praia, fazer um piquenique e construir castelos de areia.

Façam o que gostam de fazer e façam o que jamais fizeram antes. Andem de costas batendo palmas. Arrumem um lugar no quintal com velas e galhos e leiam poesia um para o outro.

Não saiam para jantar e ir ao cinema.

Não vejam televisão.

Não aluguem um vídeo.

Encenem uma peça teatral particular.

Encontrem maneiras fáceis de usufruir todos os prazeres que a vida oferece.

Dez práticas para fazer arte na vida diária

Tenho certeza de que você será capaz de inventar suas atividades, mas, como pode haver momentos de cansaço e falta de imaginação, ofereço três sugestões:

1 – PAPEL DE PRESENTE ARTÍSTICO E COISAS SEMELHANTES

Em vez de comprar papéis de presente, cartões para datas festivas, cartões-postais, faça os seus próprios.

Para o papel de presente arranje jornal velho, bolsas de papel usadas, papel de rascunho, de embrulho ou blocos de papel-jornal, um monte de canetas coloridas, carimbos de borracha, lápis de cor. Faça desenhos. Não precisam ser elaborados ou perfeitos nem parecer com alguma coisa que se possa achar em lojas. Apenas se divirta. Faça coraçõezinhos, bolinhas, pintura de borrifos, desenhe corações e margaridas. Qualquer coisa. Não se preocupe. Seja feliz.

Guarde calendários velhos e use-os para embrulhar presentes (soube que os japoneses fazem isso porque o papel era muito raro, e eu, que nunca soube o que faziam com os lindos calendários no fim do ano, adotei a prática que funciona espantosamente bem – fica muito artístico e elegante).

Colha flores no jardim ou compre pequenas flores para enfeitar pacotes, ou use elásticos coloridos.

Quando estiver de férias, faça seus próprios cartões-postais, ilustrando suas impressões de terras estrangeiras. Nas papelarias há blocos de cartões em branco, ou você pode fazer os postais com papéis que encontra enquanto viaja.

Pode fazer cartões para datas festivas (Natal, Dia dos Namorados) com seus amigos, seus filhos e amigos de seus filhos. Pegue o material adequado (tesoura, bastões de cola, lápis, papel, canetas, tintas, pincéis, penas, conchas, tecido, carimbos de borracha) e passe uma tarde ou uma noite confeccionando cartões artísticos. As pessoas gostam de fazer arte juntas e, assim, é um ato generoso dar a elas tal oportunidade.

Também pode fazer isso sozinho – quando quiser mandar um bilhete de amor, um cartão desejando restabelecimento ou de agradecimento. Você pode demorar fazendo o cartão, ou fazê-lo rapidamente, levando apenas alguns segundos para desenhar um coração, por exemplo, antes de enviá-lo, ou pode selá-lo com um beijo. Quem receber ficará agradecido.

2 – ORAÇÕES NAS PAREDES

Quando for pintar um cômodo, antes de dar a primeira mão de tinta, escreva orações nas paredes. Pode escrevê-las com um lápis ou pincel. Pode escrever uma oração pedindo amor e paixão no quarto de dormir, jovialidade e amizade na sala de jantar, serenidade na sala de visita, purificação no banheiro, sucesso a todos os seres no escritório. Pode pedir bons sabores e saúde radiante na cozinha, paz e alegria em todos os lugares. As orações serão cobertas por tinta e ficarão invisíveis aos olhos, mas permanecerão nas paredes do cômodo, como tesouros escondidos irradiando bênçãos.

3 – ARTE NA COMIDA

Imagine que o prato de jantar é uma tela branca e crie um desenho, uma pintura, uma escultura com a comida. Preste atenção à cor e à forma, à textura e ao padrão. Você pode copiar a arrumação de pratos que vê em restaurantes requintados, ou pode inventar seu próprio estilo de fazer pintura com comida. Paisagens – uma porção achatada de arroz com aspargos no alto, à direita, é uma floresta. Retratos – uma mulher de queijo de cabra com olhos feitos de azeitonas, cílios e sobrancelhas feitos de amêndoas, um sorriso de sementes de abóbora, o cabelo de manjericão fresco. Brinque com padrões – faça espirais com o azeite, faça um tabuleiro de xadrez com queijo amarelo e branco, medalhões de cenoura e beterraba, desenhe uma mandala de multicoloridos tomates-cereja e azeitonas. Peça às crianças ou aos convidados que ajudem. As pessoas gostam de fazer arte com alimentos.

4 – POESIA NA BANHEIRA

Leia poesia em voz alta enquanto estiver dentro de uma banheira cheia de espuma, à luz de velas. Se você por acaso fala outra língua, ache um livro de poesias nessa língua. Você se sentirá em outro país, em outra época, como se fosse outra pessoa. Acredite em mim. É realmente divertido. Faça.

5 – COMIDA DIFERENTE

Quando estiver fazendo compras no mercado, compre algo que normalmente não come, leve para casa e experimente.

As pessoas se acomodam em hábitos. Preferimos ir ao cinema de sempre, ao restaurante de sempre, levantar a uma certa hora do dia, comer determinadas comidas. Enquanto alguns hábitos podem ser saudáveis – como fazer exercícios regularmente e meditar – outros podem nos impedir de viver plenamente. Apenas quebrando um certo hábito podemos expandir nossa gama de experiências. Comendo uma comida que normalmente não comemos, podemos despertar todos os nossos sentidos.

Antes de comer o que escolheu, reserve uns momentos para apenas olhar a comida. Perceba a forma, a cor, os padrões. Sinta o aroma do alimento. Finalmente, coma lentamente um pedaço e perceba o gosto, a textura, a complexidade de sabores. Você pode detestar o gosto ou adorá-lo e querer correr para o mercado e comprar mais. Não importa. De qualquer forma, estará expandindo seu paladar e seu conhecimento do mundo.

6 – CORTANDO EM PEDACINHOS

Vá à sua lata de papel, pegue um papel ao acaso e corte-o ou rasgue-o em pedacinhos (cada um de menos de 25 mm^2). Separe cinco ou seis deles que contenham frases que lhe pareçam interessantes e faça uma seqüência, um poema. Conceda-se um minuto.

Fiz um intervalo de um minuto agora mesmo para realizar esta prática:

Fazer um X nos lábios dela
Um digno
Uma vez e
Todo o resto do dia
Mais difícil
Cortar através
Floresta escura

A mente se prende a uma maneira linear de pensar que não é necessariamente uma forma criativa. Trabalhando com linguagem ao acaso e com imagens, podemos libertar a mente da rigidez da linearidade. Quando voltar ao que estava fazendo, mesmo que seja um relatório ou uma prestação de contas, vai notar que seu humor mudou e você se sentirá mais leve.

Se estiver atravessando uma dificuldade, faça uma pausa de um minuto para realizar esta prática. Quando a mente se liberta de um problema estressante, mesmo que por um momento, todo o ser pode se sentir aliviado e, quando voltar a pensar na situação difícil que enfrenta, procederá com mais clareza.

7 – TROCANDO PEÇAS DE ROUPA

Quando chamar amigos para jantar, sugira a seus convidados que tirem alguma peça que estejam usando – uma meia, um colar, uma gravata, um chapéu, uma echarpe – e a coloquem na pessoa sentada à direita deles.

As coisas que usamos são muito importantes para nós. Podemos adorar meias vermelhas ou ter uma ligação emocional com um colar dado por nossa avó. Podemos usar um chapéu para levantar o ânimo quando estamos nos sentindo deprimidos. Com a roupa acontece o mesmo: homens não usam colares de pérolas; mulheres não usam gravatas. Quando trocamos com outra pessoa uma parte do que reconhecemos como nossa identidade e tomamos para nós uma parte da identidade alheia, uma perda interna pode acontecer. Um homem que nunca é visto sem sua gravata de repente está sem ela e usando um chapéu feminino. Uma mulher que usa apenas bijuterias se vê com braceletes de ouro até o cotovelo. A simples troca de um item pode transformar toda uma personalidade. Abra-se para o que acontecer. Deixe que surjam os personagens. E faça com que todos recuperem suas próprias coisas antes de ir para casa – a não ser que queiram desistir delas para sempre.

8 – A ARTE DA MENSAGEM TELEFÔNICA

Invente um versinho para deixar como recado na sua secretária eletrônica. Afinal, quem gosta de ouvir inúmeras vezes "não podemos atender agora; deixe então sua mensagem depois do bipe"? Já que temos de deixar mensagens para os amigos e a família, esta é a oportunidade perfeita para "ser criativo". Fale com um sotaque. Grave algum som característico da sua casa. Conte uma história engraçada que lhe aconteceu durante o dia. Conte uma inutilidade que achou fascinante. A secretária eletrônica de uma amiga me ensinou que, para ficarem penduradas em tetos e paredes, as lagartixas emitem eletricidade estática através dos pés – e então, quando querem se movimentar, desligam a eletricidade. Legal.

9 – A DANÇA NOS MÓVEIS

Dance na cama, aproveitando a maciez do colchão. Role, dê cambalhotas, caia. Dance no sofá, montando nos braços ou no encosto. Movimente-se com energia na sua cadeira de trabalho com rodinhas, balançando os braços, esticando as pernas depois de tê-las encolhido. Rodopie. Pendure-se no batente da porta alongando a coluna, esticando os braços. Escorregue pelo corrimão.

10 – PARA FAZER FORA DE CASA

Role por uma encosta gramada ou por uma duna de areia. Ande saltitando pelo gramado de um parque. Corra o mais rápido que puder. Pule.

Sim/E

Morta de vontade de comer galinha assada do jeito que sua avó fazia, você vai ao mercado no meio da tarde, compra galinha, batatas, cenoura e pega a receita no caderno da sua avó. Uma hora depois, quando a galinha já está no forno, seu marido telefona dizendo que está louco para comer comida chinesa e a convida para encontrá-lo no restaurante. É muito provável que você diga não, automaticamente. Mas talvez haja um modo de conciliar o desejo de ambos na mesma noite.

No mundo da improvisação, chamamos a habilidade de incorporar realidades divergentes de sim/e. Isso significa que quando um parceiro lhe oferece uma imagem para uma cena, você é obrigado a aceitá-la mesmo se ela difere radicalmente da que tem em mente. Por exemplo, dois atores, Robert e Nancy, podem começar a movimentar os braços com vigor. Robert imagina que está numa canoa num lago ao amanhecer, e diz: "As nuvens são cor-de-rosa no céu da manhã e pássaros negros de asas vermelhas estão cantando." Nancy, que está movimentando os braços exatamente da mesma maneira que Robert, imaginou que eles estavam na academia de ginástica depois do trabalho. O impulso dela é dizer: "Não, não estamos numa canoa num lago, seu chato, estamos na academia." Em vez de dizer isso, Nancy se contém e aceita a oferta de Robert sem abandonar a própria imagem. "Estou contente que estejamos malhando na academia todas as noites", diz, "porque é como se eu pudesse remar até anoitecer."

Quando trabalho com meus companheiros de performance, fico impressionada ao constatar como é freqüente o impulso de recusar uma oferta, e como tenho de controlar essa vontade e substituí-la por uma forma inventiva de incorporação – de dizer sim, o que você está vendo é válido, e o que eu estou vendo também, e de alguma forma as duas idéias podem caber juntas em uma outra história.

Então, como aplicar isso na vida real? Muitas vezes, quando nos comunicamos com um amigo ou um parceiro, tomamos posições opostas às dele. Investindo para aceitar os sentimentos de outra pessoa, abrimos nossas mentes para vivenciar a realidade sob uma luz mais complexa. Manter a mente aberta não é fácil; a incorporação exige que sejamos maleáveis e ampliemos nossa percepção do que é possível. Dando espaço para os sentimentos do outro, amplia-se nossa capacidade de admitir as contradições que existem em nós. Quando aprendemos a compreender as necessidades e experiências dos companheiros sem renunciar às nossas, os relacionamentos são enriquecidos, tornando-se mais profundos.

Seu marido quer comida chinesa, você quer galinha assada, e você já conhece a prática sim/e. O que fazer? Você diz: "Tudo bem. Acabei de colocar uma galinha no forno; então, por que você não passa no restaurante, e traz para casa uns rolinhos primavera e espinafre ao alho para viagem?" Agora você não tem de preparar nada além da galinha, seu marido vai ter a comida chinesa que deseja e é capaz até de vocês acabarem descobrindo que rolinhos primavera e espinafre ao alho são o complemento perfeito para a galinha assada da sua avó.

Praticando a habilidade da incorporação, do sim/e, compreendemos que dar espaço para todos os participantes é muito mais interessante do que rejeitar os oferecimentos de nossos companheiros.

A prática

Experimente a prática do sim/e por uma tarde, um dia ou uma semana. Em vez de dizer não, controle-se e diga sim. Imagine que você foi ao cinema com um amigo. Ele adorou o filme e você detestou. Em vez de dizer: "Não, o filme não era profundo nem interessante e é incrível que você tenha gostado dessa porcaria", pode dizer: "Sim, gostei muito daquela cena em que a mulher se senta na cama e tira os sapatos", que é realmente o que você pensa. Depois dessa apreciação positiva, você pode criticar algumas falhas de seqüência e de edição. A essa altura, seu amigo pode pensar e dizer: "Acho que você tem razão, mas achei o filme engraçadíssimo. Morri de rir com aquela cena do garoto dançando na mercearia." Você concorda, embora não tenha rido tanto.

Sem abrir mão do seu ponto de vista, sem sacrificar suas necessidades ou se sentir horrivelmente reprimida, pratique aceitar os oferecimentos. Sim/e em vez de não/mas.

Esta prática é surpreendemente difícil, mas o que a faz ser divertida e profunda é que, com apenas um dia, uma semana ou cinco minutos de prática, começamos a reconhecer as estranhas maquinações de nossas mentes. Vemos como somos teimosos e achamos que temos sempre razão, como somos arbitrários ao nos agarrarmos insistentemente aos nossos pontos de vista. Quando ficamos mais relaxados em relação às nossas opiniões sobre tudo e sobre todos, é como se nos livrássemos de pesos e, aos poucos, começássemos a flutuar, nos sentindo mais leves.

A dança no hospital

No ano passado, como já contei, submeti-me a uma cirurgia para tratar de um pré-câncer. Tudo acabou bem, mas o cirurgião fez um grande corte no meu abdômen. Os médicos queriam que eu andasse o mais depressa possível e, assim, apesar de mal poder ficar em pé, muito menos passear, as enfermeiras me mandavam caminhar. Acompanhada por um amigo de cada lado, dei uns passos dolorosos pelo corredor do hospital. Em pouco tempo me convenci de que, se tinha mesmo de ficar para lá e para cá pelos corredores assépticos, também podia dançar. Então, com muito cuidado, chutei um pé no ar, balancei os quadris de um lado para o outro, sacudi as mãos. Meus amigos, ansiosos como eu em humanizar a vida do hospital, se juntaram a mim.

Um homem mais velho com um roupão de algodão azul que combinava com o meu caminhava em nossa direção amparado por dois amigos, e isso estimulou a mim e a meus acompanhantes a começar a dançar com mais vigor. Primeiro o homem e seus amigos acharam graça, depois começaram a dançar em ritmo de samba. Ao passarmos pela bancada das enfermeiras, balançamos os quadris para elas, que, surpresas mas sem hesitar, imitaram nosso movimento.

Os pacientes acenavam para nós das portas dos quartos como num desfile de boas-vindas, e até um médico que andava apressado pelo corredor, ensaiou dois passinhos rápidos.

Talvez as pessoas tenham nos achado excêntricos, mas gostaram muito de estarmos dançando, porque se *nós* estávamos dançando, *elas* também poderiam dançar, como se nós tivéssemos o poder de dar permissão para todos dançarem.

Meu médico passou para ver-me algumas horas mais tarde.

– Você ainda não caminhou? – perguntou, inclinando-se para mim com um olhar severo e paternal, a testa franzida.

– Não – confessei.

– Mas você precisa...

– Eu dancei – disse, interrompendo-o antes que começasse seu discurso sobre a importância da caminhada após uma cirurgia. Ele pareceu confuso, como se não compreendesse minhas palavras, e pareceu disposto a continuar a ladainha até que eu obedecesse às suas ordens.

– Eu dancei – repeti mais devagar, olhando-o nos olhos com extrema paciência.

Aos poucos, ele entendeu o significado de minhas palavras e fechou meu prontuário, dirigindo-se à porta, balançando a cabeça .

Dançar nos ajuda a curar feridas do corpo e da alma. Dance sempre que puder. Onde puder. Do mesmo modo que os astronautas fincam bandeiras na Lua e os alpinistas fincam bandeiras em cumes de montanhas, finque a bandeira da dança em todo lugar.

Doando

Durante os muitos anos em que estudei budismo, ouvi muitas palestras sobre generosidade, que se chama *dana* na língua páli. A mais memorável foi proferida por um estimado mestre do budismo Vipassana, U Pandita. Sem conhecer sua reputação de mestre de meditação rigoroso que estabelecia um horário que ia das quatro da manhã direto até as onze da noite, dividido em sessões de uma hora alternadas com momentos em que nos sentávamos ou caminhávamos percebendo o sutil movimento das sensações, programei um retiro de duas semanas de silêncio.

As palestras diárias eram a única fonte de diversão fora da grande variedade de estados mentais que me atormentavam, me davam prazer ou me aborreciam enquanto eu ficava sentada ou caminhava por horas, concentrando minha atenção no corpo. Por isso fiquei desanimada quando U Pandita anunciou, no segundo dia do retiro, que sua palestra seria sobre o mesmo tópico que parecia ter abordado detalhadamente na véspera. O famoso mestre de meditação falava extremamente devagar, em seu idioma, e o tradutor falava de forma igualmente lenta. Lutei para ficar acordada durante a palestra e prestar atenção neste raro momento de ensinamento de um dos maiores mestres da meditação, mas o queixo caía no peito em incontroláveis espasmos de cansaço.

No terceiro dia, quando U Pandita anunciou que, mais uma vez, a palestra seria sobre *dana,* o desapontamento percorreu em ondas silenciosas a sala de meditação onde duzentos devotos estavam sentados em suas almofadas, desejando um momento de diversão. Não me lembro de uma só das palavras de U Pandita. Lembro-me muito bem da ênfase que deu ao fato de a generosidade ser a prática mais importante do budismo, dizendo que até que compreendêssemos sua importância primordial, ele não mudaria de tema. Ser adepto do budismo não é apenas ficar sentado em silêncio por semanas a fim de chegar a um estado mental de concentração que dê origem a descobertas profundas. O budismo, que nos ensina que todos os seres são inextricavelmente ligados, trata da generosidade.

"Todas as vezes que sentir um impulso de ser generoso, siga-o", disse Jack Kornfield, outro conhecido professor de budismo durante uma palestra sobre o *dharma* em Spirit Rock. Os benefícios da doação são descobertos no próprio ato de doar, ele falou, sugerindo que nos dedicássemos à prática durante uma semana. Segui o conselho de Jack e, por uma semana, quando a idéia cruzava minha mente, eu doava.

Numa tarde, olhando produtos numa elegante butique de artigos para casa em Berkeley, vi uma caneca amarela com um escudo esverdeado que me lembrou uma amiga poeta, Stefanie. Amarelo e aquele tom de verde eram suas cores favoritas, até estavam na sobrecapa de seu último livro de poesias. Comprei duas canecas, uma para Stefanie, outra para mim. Quando nos encontramos na academia no dia seguinte à noite para malhar, tirei o presente da bolsa e o entreguei a ela.

– É a sua cara – eu disse.

Ela concordou e me devolveu a caneca.

– É um presente – insisti, e Stefanie me olhou com alguma surpresa. Demorou um pouco para ela se dar conta de que eu estava realmente lhe dando um presente, sem ser seu aniversário ou Natal.

Quando ela abriu um grande sorriso e me agradeceu, percebi que eu estava imensamente feliz.

Durante os dias em que pratiquei a generosidade e refleti sobre ela, comecei a ver que presentear é importante não apenas pelo prazer de quem recebe, mas pelo prazer de quem dá o presente. Presentear abre o coração.

Muitas vezes esperamos ocasiões especiais – aniversários, chás de bebê, casamentos – para dar presentes aos amigos. Mas a alegria de presentear não precisa se restringir a ocasiões "adequadas". E não precisamos ser ricos.

Dirigindo de Big Sur para casa logo depois das tempestades causadas por El Niño, me vi atrás de uma caminhonete velha e amassada. As estradas tinham sido muito danificadas por quedas de barreiras, e equipes de consertos trabalhavam dia e noite na reconstrução. Toda vez que passávamos por um grupo de trabalhadores, o motorista da caminhonete reduzia a velocidade, parava e entregava laranjas aos homens. Todas as vezes, mesmo sem dar ou receber nada, sendo apenas uma testemunha, eu sentia a alegria da troca. O que poderia ser uma viagem de volta tediosa e enervante, à espera de enormes engarrafamentos, tornou-se um percurso feliz na medida em que eu previa e testemunhava a doação das laranjas.

As ondas de generosidade circulam pelo mundo de forma que talvez jamais conheçamos, mas se movimentam inevitavelmente como ondas em uma lagoa quando se atira uma pedra, mesmo que pequena. Nossas ações têm efeitos; esta é a lei da origem interdependente, um dos maiores ensinamentos de Buda. Por termos sido bons, criamos condições para outra pessoa ser boa. Estimulados por termos recebido generosamente, ficamos muito mais dispostos a estender esta generosidade. A generosidade é contagiosa.

O que generosidade tem a ver com criatividade? A inspiração é um presente. Dizemos que artistas que têm um talento especial possuem um dom. Nós não *criamos* inspiração; nós *recebemos* inspiração. Não *criamos* talento; nós *nutrimos* o talento. A própria palavra "inspirar" está ligada a respirar, e a inspiração nos é ofertada, como o ar. Para manter o fluxo da criatividade se movimentando sem obstrução, expressamos nossa inspiração. Da mesma forma que a generosidade está no âmago de muitos ensinamentos espirituais, a generosidade está no âmago da auto-expressão criativa. A generosidade cria as condições para a generosidade. Dar cria as condições para receber. Para fazer qualquer espécie de arte, devemos ser capazes de receber inspiração de nossos corações, nossas mentes, dos espíritos, do Criador, e então dar forma a ela. Isso é o Dharma, o Caminho, o Tao.

A forma mais sutil de *dana* é ter uma mente generosa, um coração que deseje bem-estar para nós, nossos amigos e colegas, para todos os seres do mundo. Todos os seres do universo, de todos os universos. Talvez o maior ato de auto-expressão criativa seja ter um coração generoso. É no momento em que o coração está aberto com bons desejos que surge o desejo de cantar, de dançar, de escrever poesia, de desenhar, pintar ou esculpir. E é nesse momento que temos a oportunidade de ser generosos, finalmente, com nós mesmos. É nesse momento que temos a oportunidade de homenagear a Criatividade com nossa dança e nosso canto, como se fossem orações.

A prática

Se encontrar algo que não seja caro e que você sabe que pode agradar a um amigo, vá em frente, compre e dê a ele. Ou talvez haja uma peça de roupa no seu armário que você imagina que uma amiga gostaria. Dê para ela. Ou um objeto favorito usado em rituais. Ou uma pedra azul com um veio branco. Ou uma fruta. Talvez você tenha vontade de levar o cachorro do vizinho para passear. Ou levar um doce gostoso para aquela tia velha. Ou se apresentar no escritório vizinho com uma flor. Siga seu impulso. Não se reprima. Doe.

Não temos de nos desfazer do que possuímos para aproveitar o presente que é doar. Podemos ser simples. Modestos. Podemos dar presentes-surpresa. Podemos pagar o pedágio da ponte para o carro conduzido por um estranho e cheio de crianças que vem atrás de nós. Podemos recolher o lixo no parque.

Também podemos dar alguma coisa para alguém de quem não gostamos, de forma a suavizar nossos corações num esforço para despertar compaixão por aqueles que consideramos inimigos.

Recentemente, ao voltar para casa depois de visitar a mãe adoentada, uma amiga achou um colar de pequenas flores enroscado na antena do seu carro no estacionamento do aeroporto. Ela estava radiante quando a vi. O universo é mágico sem nossa ajuda, mas a vida é mais divertida quando fazemos mágica com ela.

A generosidade não consiste apenas em dar objetos, mas também apoio, afeição, gratidão, compreensão e humor. Podemos dizer a uma colega que ela está especialmente bonita com seu casaco vermelho; podemos dizer ao funcionário do banco como é agradável ser atendido por uma pessoa tão amável; podemos dizer a uma vizinha que ela tem um lindo jardim. Podemos dar voz àquilo que apreciamos na outra pessoa.

Também podemos ser generosos em nossas ações: permitir que um estranho passe à nossa frente na fila do caixa eletrônico; abrir a porta para alguém. Se uma amiga está sentindo alguma dor, fazer uma rápida massagem em sua cabeça, mãos ou ombros. Quando estamos atentos, somos levados muitas vezes durante o dia a querer expressar alguma forma de doação, mas censuramos tais impulsos. Talvez tenhamos exagerado na nossa preocupação de não invadir a privacidade dos outros. Talvez nossos oferecimentos gentis, sensíveis e divertidos adicionem momentos de alegria às vidas deles e às nossas.

Um momento de silêncio

"Todos os artistas verdadeiros, quer saibam ou não, criam a partir de um espaço não-mental de silêncio interior. A mente então dá forma ao impulso criativo. Mesmo os maiores cientistas relataram que suas inspirações criativas surgiram em momentos de silêncio mental."

ECKHART TOLLE
(em *O poder do agora*)

Por vários anos vivi com um companheiro que era produtor. De manhã, meio segundo depois de acordar, ele rolava na cama e apanhava o telefone. A primeira ligação o centrava no mundo dos negócios onde ele encontrava os desafios que lhe eram familiares e que se sobrepunham ao mundo de anseios, imagens e imprevisibilidade da mente semi-acordada. Não era um homem a quem faltassem criatividade ou sonhos, mas, mesmo assim, no momento em que acordava era tomado por um desconforto que ele procurava afastar pegando o telefone e entrando num mundo que para ele fazia sentido.

Também eu apanho o telefone quando me sinto desorientada ou incomodada. Ligo para uma amiga, faço uma compra por catálogo, confiro minhas mensagens ou respondo a um telefonema de trabalho em vez de aceitar mergulhar na inquietude e investigar minha experiência interior.

Para reencontrar nossa criatividade, precisamos reunir coragem para permanecer na terra da ambigüidade, das emoções e da intuição.

Precisamos desviar nosso impulso de viver apenas no mundo do materialismo, da lógica e da ambição, e prestar atenção ao nosso eu interior.

A criatividade surge do silêncio. Como se limpa o jardim de ervas daninhas e pedras antes de plantar sementes, o silêncio limpa o corpo e a mente para que os impulsos criativos tenham um campo aberto do qual surgir. O preço que pagamos por toda a atividade que desenvolvemos no mundo moderno é que nossas mentes ficam abarrotadas de listas de tarefas que roubam nossa atenção e bloqueiam o acesso ao subconsciente, o território da auto-expressão criativa.

Há alguns anos, estava num encontro de artistas conduzido por Thich Nhat Hanh cujo objetivo era examinar a relação entre arte, ativismo social e prática budista. Na primeira manhã nos reunimos sob a copa de um carvalho centenário. Thich se sentou em frente a nós com suas vestes marrons e ficou em silêncio por vários minutos. Finalmente, ele falou:

– Não façam nada hoje. Fiquem em silêncio. Amanhã nos encontraremos novamente.

Um suspiro de desapontamento percorreu a multidão. Éramos ativistas, queríamos receber ensinamentos de modo a poder continuar melhorando o mundo. Mas não tínhamos escolha, Thich era o mestre e nós seguimos seu conselho. Na manhã seguinte nos reunimos novamente sob o carvalho. O monge ficou em silêncio por vários minutos. Finalmente, ele falou.

– Não façam nada hoje. Fiquem em silêncio. Amanhã nos encontraremos pela manhã.

Ouviram-se os murmúrios da multidão. Tínhamos aberto mão de dez dias de nossas vidas para receber ensinamentos. Grandes extensões da floresta tropical desaparecendo por minuto, lixo contaminado lançado em rios e riachos, os direitos humanos violados em conflitos em todo o mundo – tínhamos um trabalho vital para realizar juntos. Porém, mais uma vez, nos sujeitamos à orientação do nosso respeitado professor.

Lembro-me de um momento de terror em que me dei conta de que não tinha idéia de como passaria o dia – um intervalo enorme, completamente livre de atividades agendadas, tarefas a cumprir, planos. Para minha surpresa, as horas se passaram tranqüilamente. Fiz as refeições com meus amigos, passeei pelo bosque, tirei um cochilo sob um loureiro tendo ao fundo a baía da Califórnia.

Na terceira manhã, o mestre ficou em silêncio mais uma vez. Senti que ele estava atento à disposição de ânimo da audiência.

– Não façam nada hoje – disse numa voz suave e tranqüila. – Fiquem em silêncio. Não escrevam em seus diários e falem apenas quando for absolutamente necessário.

Uma raiva visceral dominou a assistência. Pelo menos podíamos realizar a prática formal da meditação, sussurramos uns para os outros. Mas Thich proibiu até mesmo a meditação, exceto em três sessões de meia hora, uma de manhã, uma à tarde, a outra à noite.

No meio da manhã, eu estava numa encosta olhando as montanhas douradas. Os dias de silêncio tinham me acalmado. Eu não sentia vontade de fazer nada, a não ser olhar a relva se mexendo ao sopro do vento. A coreografia era complexa e imprevisível. O prazer me dominou. O silêncio interior que cultivara tinha aberto a possibilidade de eu me maravilhar.

Na quarta manhã em que nos reunimos sob o carvalho, Thich ficou novamente em silêncio por vários minutos. Eu podia perceber o sentimento da platéia, nosso ritmo interior, nossa capacidade de ter tranqüilidade.

– Hoje iniciaremos um horário formal – disse ele. – Realizaremos a prática da meditação três vezes por dia, meditação caminhando às onze, e darei uma palestra sobre o *dharma* às três. Agora vocês estão prontos.

A criatividade é fundamentalmente uma questão de a mente sintetizar o que entra e o que sai. Mas esta é apenas parte da verdade. De acordo com muitos ensinamentos sagrados e revelações da física quântica, se olharmos no centro da realidade perceberemos um quê de vazio. A base do ser é não ter base; toda realidade surge do vazio. A própria matéria é feita primariamente de espaço. No entanto, passamos a maior parte de nossa vida evitando essa verdade básica. Preferimos nos sentir sólidos.

Quando um artista se equilibra à beira da criação, deve ficar frente a frente com o vazio. Do nada surge alguma coisa – mas o quê? É a página em branco, a tela vazia, o estúdio vazio e o momento antes da palestra que dão mais medo. Estes são os momentos em que muitos de nós recuamos e procuramos uma tarefa concreta, como conferir a conta do banco ou os e-mails recebidos para nos distrairmos do medo. Para nos sentirmos à vontade com a criatividade precisamos nos sentir à vontade com o vazio.

As práticas que se seguem são extremamente simples. Uma infinidade de razões vão surgir para negar, bloquear, desprezar, criticar e minimizar sua importância: "Vou fazer depois; não preciso que *você* me diga para fazer *isso*; depois de *tantos* livros de auto-ajuda do tipo transforme-sua-vida-em-dez-passos-fáceis conheço *tanto* essa prática que sinto até enjôo." Mas, enquanto não tivermos capacidade de ficar tranqüilos, em silêncio, enquanto não desenvolvermos a disciplina de prestar atenção nos nossos impulsos mais íntimos, a facilidade de reconhecer as imagens subsconscientes que se apresentam, não podemos realmente expressar nossos eus criativos.

A maioria dos ensinamentos se baseia em práticas de meditação que tranqüilizam a mente. Muitas são complicadas. Muitas são simples. Esta é a mais simples de todas.

A prática

Você pode realizar esta prática em qualquer lugar: na sua mesa de trabalho, na praia, na sua cama, andando de metrô. Pode realizá-la a qualquer hora: de manhã, no meio do expediente, no meio da noite. Pode realizar esta prática a sós, com um amigo, um grupo de amigos, sentado, em pé ou deitado.

Encontre uma posição confortável na qual consiga ficar por vários minutos. Feche os olhos. Fique em silêncio. Deixe a respiração fluir no seu ritmo natural. Sinta o caminho que o ar inspirado percorre: o diafragma, o peito, a barriga. Perceba as sensações físicas – está sentindo alguma dor, calor ou frio, ardência ou retesamento? Perceba sensações emocionais: tristeza, alegria, raiva, desapontamento. Deixe-se dominar pela tranqüilidade. Não faça nada. Perceba os pensamentos que surgem e vão embora. Perceba os sons no ambiente. Fique tranqüilo. Quando estiver pronto, depois de dez minutos, ou cinco minutos, ou um minuto, abra os olhos.

Comtemplação do céu

Uma versão alternativa para o exercício acima é a técnica do budismo tibetano de contemplar o céu. Suavize o olhar e o estenda até o céu ou ao nível do horizonte. Suavize a mente e deixe-a expandir-se como o céu, absorvendo e aceitando tudo que surge e vai embora. À medida que seu olhar se suavizar, permita que sua percepção do eu também se suavize, sentindo as fronteiras de sua identidade se desfazerem. Dissolva-se nesse sentimento do ser que se expande, um ser sem fronteiras, sem fim, ser luminoso e amplo, pelo tempo que quiser.

Manter os olhos abertos é uma forma de impedir a sonolência e incluir a visão como um complemento da meditação. Não temos de excluir nenhum fenômeno para experimentar o silêncio interior.

Espero que você não tenha escrito um poema nem composto uma canção ou redecorado sua sala durante seus minutos de silêncio. Talvez você tenha feito isso, e neste caso não há problema, mas não é este o objetivo. O que, afinal, ficar em silêncio por alguns minutos tem a ver com liberdade criativa? Praticando o silêncio e a quietude, cultivamos a coragem de enfrentar o vazio. Praticando a quietude, tocamos a base do ser. A partir do silêncio emerge toda a criatividade.

Ficar em silêncio, mesmo que por um minuto, tem efeitos profundos. Se você está tendo um bloqueio mental no trabalho, pare e fique em silêncio por um minuto. Se sente exaustão, pare e cale-se por um minuto. Se está de férias, pare e cale-se por um minuto. Num simples momento de silêncio, nasce a liberdade.

A liberdade é nossa natureza; a liberdade é a natureza do nosso mundo. Podemos não reconhecer conscientemente uma percepção profunda, uma inspiração criativa, uma nova forma de ver no silêncio; podemos não conseguir identificar o efeito do silêncio. Não importa. Tocando o silêncio, preparamos a base para toda expansão criativa. Tocando o silêncio, descobrimos que a liberdade que desejamos está no coração de quem nós já somos.

E agora?

Agora, você está só. Posso continuar falando de práticas e dando sugestões, mas é você quem deve se divertir. Dedique-se a isso. Goste de fazer arte. Deteste fazer arte. Dê pontapés, solte o ar com força, reclame enquanto faz arte. Faça arte quando tiver vontade de fazer arte e quando não tiver vontade de fazer arte. Continue fazendo arte.

Meu sobrinho de 19 anos, Jonathon, é um desses garotos que usam óculos e mexem com computadores dia e noite. Também é extremamente tímido, comunica-se por monossílabos, exceto quando fala com a irmã. Aí consegue dizer frases completas, de modo que eu sei que ele tem essa capacidade. Durante os dois últimos anos em Stanford, Jonathon teve apenas aulas de matemática e ciência da computação. Num determinado verão, resolveu ficar na escola, e então seus pais e eu o aconselhamos a enriquecer sua vida e aventurar-se, tentando algo novo: vela, dança de salão, oficina literária, oratória. Preocupada com seu bem-estar psicológico, já que ele perdera o avô, e o pai fora submetido a uma cirurgia cardíaca poucos dias depois, eu ligava para Jonathon todos os dias. Depois do primeiro dia de aula ele me disse que tinha experimentado uma aula de teatro.

– Como foi? – perguntei, imaginando que ele confessaria que ficara de lado e que escapara logo que o professor propôs um intervalo.

– Foi muito DIVERTIDO – disse Jonathon, e descreveu com frases completas os jogos teatrais que fizeram.

Quando telefonei na noite seguinte, perguntei a que aulas tinha assistido no segundo dia.

– Assisti a outra aula de teatro – disse Jonathon.

Dessa vez, fiquei sem fala. Ele planejara experimentar uma aula de cada curso, me contou, para depois se inscrever no que preferisse.

– Então, qual é o veredicto? – perguntei.

– Vou fazer curso de teatro.

Jonathon descreveu, de novo, os exercícios que o professor propusera e agora estava falando parágrafos inteiros.

– É impressionante como o efeito é rápido – disse ele.

– E qual é o efeito? – perguntei.

– Eu me sinto melhor – respondeu Jonathon.

Do outro lado da linha, levantei o punho, soquei o ar e exclamei:

– Maravilha!

"Aquilo que nos faz sentir vivos é a área na qual estamos conectados com o espírito. Sermos vitais, vigilantes, conscientes em todas as áreas de nossas vidas é a tarefa que nunca chega a ser totalmente realizada, mas que permanece como objetivo."

Irmão DAVID STENDL-RAST
(em *The Music of Silence*)

Agradecimentos

Em primeiro lugar e antes de tudo, quero agradecer a meus alunos que, dedicados ao ofício da improvisação, me ensinaram a ensinar e, em especial, a Nina Jo Smith, que me ajudou a dar o subtítulo a este livro. Meu companheiro de performance, Corey Fischer, sempre disposto a fazer experiências comigo no estúdio e no palco por mais de uma década. Peter Barnes, de Mesa Refuge, Bokara Legendre, do Medway Environmental Trust, Jan, e Shawn Hailey e Susan Patner, da Gift House, que me ofereceram inestimáveis períodos de retiro com refeições refinadas e vistas majestosas. Meus amigos escritores, Natalie Goldberg, Wes Scoop Nisker, Jeff Grenwald, Susan Griffin, Dadie Donelly e Stefanie Marlis, que me deram grande apoio e me encorajaram. Tano e Ayelet Maida me deram conselhos valiosos no mundo das publicações. Hathaway Barry, com seus perspicazes comentários editoriais, e Holy Hammond, que, como profissional, leu o manuscrito – sou eternamente grata por seu lápis vermelho afiado. Minha editora na Broadway, Lauren Marino, uma colaboradora adorável, com suas sugestões que me ajudaram a dar forma ao livro e deixá-lo no ponto. Suzanne Oaks, também editora na Broadway, apreciou o manuscrito de forma hábil e entusiástica. E Gray Cutler, meu editor de texto, que fez observações precisas, inteligentes e claras, que acatei. Minha intrépida agente, Sarah Jane Freymann, que trabalhou além do devido como enfermeira, anfitriã de cama e mesa e uma querida confidente durante o trabalho, além de representar este livro com firmeza e fé contínuas. E, finalmente, sou grata a meus mestres espirituais e amigos, especialmente H. W. L Poonja, Ruth Denison, Thich Nhat Hanh, Tsoknyi Rimpoche, Zalman Schachter, Jack Kornfield e Sylvia Boorstein, que, ao longo dos anos, me guiaram em direção à luz, muitas vezes sombria.

Bibliografia

ADAMSON, Edward. *Art as Healing* (Arte como cura), com a colaboração de John Timlin, prefácio do Dr. Anthony Stevens. Nova York: Nicholas-Hays-Inc., 1984.

BUECHNER, Frederick. *Spiritual Quest: The Art and Craft of Religious Writing,* (A questão espiritual). Houghton Mifflin, 1988. (Achei esta citação no maravilhoso livro de Anne Lamott, *Bird by Bird: Some Instructions on Writing and Life [Pássaro por pássaro]*. Nova York: Anchor Books/Doubleday, 1994.)

DAVIS AVRAM, org. *Meditation from the Heart of Judaism: Today's Teachers Share their Practices, Techniques and Faith.* (Meditação do coração do judaísmo). Jewish Lights Publications, 1997.

DISSANAYAKE, Ellen. *Homo Aestheticus: Where Art Comes from and Why.* University of Washington Press, 1995.

Eliot, T. S. *Quatro quartetos.* Rio de Janeiro: Civilização Brasileira, 1967.

MUELLER, Lisel. "Silence and Dancing", de *Alive Together: New and Selected Poems* (Vivendo junto). Baton Rouge e Londres: Louisiana State University Press, 1996.

NACHMAMOVITCH, Stephen. *Free Play: The Power of Improvisation in Life and the Arts* (Jogo livre). Nova York: A Jeremy P. Tarcher/Putnam Book, 1990.

PAGET, Lou. *How to Be a Great Lover: Girlfriend-to-Girlfriend Totally Explicit Techniques That Will Blow His Mind* (Como ser um ótimo amante). Nova York: Broadway Books, 1999.

PALEY, Grace. *The Collected Stories* (Histórias reunidas). Nova York: Farrar, Straus and Giroux, 1994.

RILKE, Rainer Maria. *Cartas a um jovem poeta.* São Paulo: Globo, 2001.

ROSSMAN, Dr. Martin, *Healing Yourself. A Step-by-Step Program for Better Health through Imagery* (A cura de si mesmo). Awareness Press, 1987.

SPOLIN, Viola. *Improvisation for the Theater: A Handbook of Teaching and Directing Techniques.* (Improvisação teatral). Chicago: Northwestern University Press, 1963.

STEINDL-RAST, David. *Gratefulness, the Heart of Prayer: An Approach to Life in Fullness* (Gratidão, o coração do poder). Nova York: Paulist Press, 1984.

TOLLE, Eckhart. *O poder do agora.* Rio de Janeiro: Sextante, 2002.

UNDERHILL, Ruth Murray. *Singing for Power: The Song Magic of the Papago Indians of Southern Arizona* (Cantando para o poder). Tucson e Londres: The University of Arizona Press, 1938; 1966.

OS 25 CLÁSSICOS DA EDITORA SEXTANTE

- *Muitas vidas, muitos mestres, Só o amor é real* e *Meditando com Brian Weiss*, de Brian Weiss
- *Conversando com os espíritos* e *Em busca da espiritualidade*, de James Van Praagh
- *A última grande lição*, de Mitch Albom
- *Enquanto o amor não vem*, de Iyanla Vanzant
- *A oração de São Francisco*, de Leonardo Boff
- *O ócio criativo*, de Domenico De Masi
- *Mantenha o seu cérebro vivo*, de Katz e Rubin
- *Por que os homens fazem sexo e as mulheres fazem amor?*, de Allan e Barbara Pease
- *Uma ética para o novo milênio* e *Palavras de sabedoria*, do Dalai-Lama
- *Histórias para aquecer o coração*, de Mark Victor Hansen e Jack Canfield
- *Os 100 segredos das pessoas felizes* e *Os 100 segredos das pessoas de sucesso*, de David Niven
- *Aprendendo a gostar de si mesmo*, de Louise Hay
- *Um dia "daqueles"*, *Querida mamãe* e *O sentido da vida*, de Bradley Trevor Greive
- *Você é insubstituível* e *Dez leis para ser feliz*, de Augusto Cury
- *A vida é bela*, de Dominique Glocheux
- *Faça o que tem de ser feito;* de Bob Nelson
- *Não leve a vida tão a sério*, de Hugh Prather

Informações sobre os próximos lançamentos

Para receber informações sobre os lançamentos da EDITORA SEXTANTE, basta enviar um e-mail para atendimento@esextante.com.br ou cadastrar-se diretamente no site www.sextante.com.br

Para saber mais sobre nossos títulos e autores, e enviar seus comentários sobre este livro, visite o nosso site: www.sextante.com.br

Editora Sextante
Rua Voluntários da Pátria, 45 / 1.404 – Botafogo
Rio de Janeiro – RJ – 22270-000 – Brasil
Telefone: (21) 2286-9944 – Fax: (21) 2286-9244
E-mail: atendimento@esextante.com.br